# PAS BESOIN D'ÊTRE TIBÉTAIN POUR MÉDITER

CHRISTINE BAROIS

# PAS BESOIN D'ÊTRE TIBÉTAIN POUR MÉDITER

HARMONIE SOLAR
EDITIONS

*À Louise, Charlotte et Xavier,*
*parce qu'ils ajoutent à la beauté du monde,*
*chacun à sa manière, avec intelligence,*
*énergie et bienveillance. Si nous n'étions pas liés,*
*je serais fière d'être leur amie.*

# Sommaire

*On a demandé au Dalaï-Lama :*
*« Qu'est-ce qui vous surprend le plus dans l'humanité ? »*

*Il a répondu : « Les hommes… parce qu'ils perdent la santé pour accumuler de l'argent, ensuite ils perdent de l'argent pour recouvrer la santé… et penser anxieusement au futur ; ils oublient le présent de telle sorte qu'ils finissent par ne vivre ni le présent ni le futur… Ils vivent comme s'ils n'allaient jamais mourir et meurent comme s'ils n'avaient jamais vécu. »*

# Introduction

## « Bouddha ! Sors de ce corps ! »

Un soir, mes filles et moi étions dans la cuisine, affairées à la préparation du repas. L'une d'elles attrape un petit flacon d'épices dans un placard au-dessus du plan de travail. Dans son élan, elle fait tomber le flacon d'à côté qui atterrit sur la table de cuisson. Le choc fait un éclat sur la plaque vitrocéramique et, bientôt, se forme une fissure de quelques centimètres. Ma fille marmonne des excuses et sort de la pièce pour mettre la table au salon.

Je regarde l'éclat sur la plaque. Il n'y a rien à faire, c'est cassé. À quoi bon me mettre en colère ? Il n'y a aucun intérêt à ruminer, c'est derrière nous. La plaque fonctionne parfaitement, il n'y a pas de quoi en faire une histoire. Évidemment c'est ennuyeux, c'est moins joli. Il faudra la changer tôt ou tard, ça fait négligé... Au même moment, toutes ces pensées me traversent l'esprit. Il y a quelque temps, je me serais certainement mise en colère, j'aurais haussé la voix. Là, j'observe la sensation corporelle qui m'envahit. Un *flush*, un flux sanguin, traverse le haut de mon corps. Mes épaules et mes bras se crispent. Mes mâchoires se serrent, je sens battre mes carotides. Et pourtant, il ne se passe rien. Je ne me mets pas en colère. J'observe comment ma contrariété évolue dans mes pensées, mes émotions, mes sensations corporelles. Tout redescend rapidement. Voilà, c'est fait, la plaque est fissurée, c'est tout.

À ce moment-là, mon autre fille qui a assisté à la scène me regarde étonnée : « Comment ? Tu ne lui dis rien ? » Je réponds : « Eh bien, non. C'est fait. » Elle sourit et dit : « Bouddha ! Sors de ce corps ! » Ce qui deviendra un morceau d'anthologie familiale.

La pratique régulière de la méditation permet, entre autres, de nous décentrer : elle module nos émotions, change la relation que nous entretenons avec nos pensées, nous fait prendre conscience de nos sensations corporelles. J'en eus la preuve ce soir-là en m'observant.

## Ma rencontre avec la méditation

Mon cheminement vers la méditation débute à l'âge de 17 ans, bien avant que je ne commence mes études de médecine. Un jour, en consultation chez la gynécologue, je n'arrive pas à contenir mes larmes, pour une raison que j'ai oubliée. Le médecin, attentif, me dit de ne pas rester comme ça, d'apprendre à gérer mes émotions. Elle me conseille d'aller faire du yoga. Une de mes sœurs m'aide à trouver un cours. Lors des premières séances, j'ai envie de rire : toutes ces respirations avec des ââââ, des ôôôô, des ôôômmm ! La professeure nous demande une expiration freinée pour chasser le souffle et faire vibrer les cordes vocales en un « ô » prolongé jusqu'à vidange complète des poumons. Pour moi, les autres élèves sont des vieux ! Je trouve les postures cocasses. Mais, puisque je me sens bien après chaque cours, je continue. J'apprends à respirer pour gérer ce que j'éprouve.

Suzanne, notre professeure, était une femme exceptionnelle. À près de 80 ans, elle avait beaucoup à transmettre sur l'attention portée à chacun de nos gestes. Elle insistait sur les mouvements de la respiration dans chaque posture. Elle nous disait d'« habiter notre corps ». J'ai continué cette discipline durant toutes mes études de médecine, jusqu'au concours de l'internat. Ensuite, trouver du temps et un prof qui me convienne fut plus difficile. Beaucoup de ces enseignants allaient trop vite à mon goût. Et puis, les stages à l'hôpital, les cours à l'université, les gardes pendant cette période de spécialisation en psychiatrie ne me laissaient pas beaucoup de temps libre.

En 2004, lors d'un dîner entre confrères, je rencontre Christophe André, psychiatre à l'hôpital Sainte-Anne. Ayant beaucoup aimé son livre *Psychologie de la peur*, je l'interroge sur ses travaux du moment. Il me dit s'intéresser à la méditation et me conseille de lire un ouvrage sur la *Mindfulness Based Cognitive Therapy* (MBCT)[1], encore inédit en France. Cette technique de thérapie de méditation de pleine conscience recèle une grande efficacité dans la dépression, pour éviter les rechutes. Je suis rapidement convaincue du pouvoir d'une petite phrase : « Et là, maintenant, comment est-ce que je me sens ? »

Les ouvrages sur la méditation de Christophe André sont aujourd'hui nombreux, mais, à l'époque, il n'en avait pas encore écrit. Plus tard, lors des journées de l'Association française de thérapie cognitive et comportementale (AFTCC), Christophe André m'invite à faire la connaissance de Yasmine Liénard, également psychiatre, qui possède déjà une solide expérience des groupes de MBCT. C'est avec elle que j'apprends la technique de la méditation lors d'une session de huit semaines. Quand je prends conscience des vertus de cette discipline sur moi, je suis certaine d'une chose : il faut absolument la transmettre à mes patients.

La formation pour devenir soi-même un formateur MBCT suppose une retraite résidentielle de quelques jours. Mes instructeurs sont exceptionnels : Christophe André, au charisme et à la générosité peu communs ; Zindel Segal, professeur de psychiatrie et créateur du programme venu enseigner en français, débordant d'énergie et d'enthousiasme ; Lucio Bizzini, docteur en psychologie à Genève, plein de simplicité et d'humour.

1. Thérapie cognitive basée sur la pleine conscience.

Depuis, j'ai pu animer 12 groupes de MBCT, et environ 120 personnes ont assisté à ces sessions. Chacune d'elles apprend quelque chose avec la pratique de la pleine conscience. La méditation a montré ses effets bénéfiques dans de nombreux domaines : la santé bien sûr, mais aussi les relations que nous entretenons avec notre famille, au travail, avec nos amis. Pouvoir nous détacher apporte un regard sur nous-mêmes qui nous permet de nous interroger sur nos valeurs et le sens que nous voulons donner à notre existence.

Je ne prétends pas avoir écrit un programme, j'en donne seulement ma traduction. Je ne suis pas le compositeur mais simplement l'interprète. Ma spécificité est d'être médecin, donc de m'attacher aux programmes qui, par des études scientifiques, ont montré leur efficacité. S'adresse à moi une population clinique, c'est-à-dire présentant un trouble. Les participants bénéficient d'un développement personnel considérable après avoir suivi le programme. Ma manière de le mettre en musique – une autre de mes caractéristiques – est de le rendre très concret, très pratique, très accessible, de le démystifier : il doit s'adresser à tout le monde.

## Le stress, la maladie du siècle

Dans nos vies professionnelles, nous devons entreprendre, être créatifs, mener à bien des projets, assister à des réunions ou même les animer, avoir des idées, répondre à des appels téléphoniques, prendre des décisions, écrire des courriels, des textos, des courriers… Parallèlement, dans nos vies personnelles, nous devons prendre soin de nous-mêmes, de nos foyers, de nos familles, de nos amis… Là encore, nous devons prendre des décisions. Parfois, nous avons déjà adopté des petites astuces pour être plus productifs ou mieux gérer notre temps. Malgré cela, nous nous sentons souvent robotisés, un peu submergés. Un sentiment d'insatisfaction nous envahit. Nous sommes les défavorisés de l'opulence : nous avons tout pour être heureux, et nous ne le sommes pas.

Arrêtons de nous voiler la face : nous ne sommes pas adaptés à notre environnement. Cela ne veut pas dire que nous sommes fragiles, déficients ou faibles. Ce sont toutes les données que nous devons traiter au même moment qui ne sont pas en phase avec nos capacités d'adaptation. Nous y reviendrons plus tard dans cet ouvrage en parlant du monde digital dans lequel nous évoluons. Notre environnement va plus vite que nos possibilités à le suivre, surtout à l'ère du numérique. Le stress nous envahit. Bien sûr, il s'agit là d'une fonction d'adaptation. Mais si le stress nous submerge pendant une trop longue période, si rien ne vient l'équilibrer, il peut nous rendre malades.

C'est là que la pratique de la pleine conscience entre en jeu. Au lieu d'être tel le hamster dans sa roue, la méditation nous invite à nous arrêter pour comprendre comment ça marche, devenir conscients et le rester le plus possible.

## Le bavardage mental

La pensée sert à résoudre les difficultés que nous rencontrons ; seulement, voilà, parfois la machine s'emballe. Le raisonnement est utile pour résoudre les problèmes ; mais, de temps en temps, alors qu'il devrait nous permettre d'apaiser nos doutes, il commence à tourner plus vite que nécessaire. L'esprit s'affole, part dans tous les sens. Le bavardage mental est nuisible parce que contre-productif. Ce verbiage interne nous éloigne de notre travail, par exemple, ou de ce sur quoi nous sommes en train d'essayer de nous concentrer. S'ajoutent à ce vagabondage tous les « il faut », « je dois », « je devrais », « j'aurais dû », « je n'aurais pas dû » qui font écho aux schémas cognitifs, aux idéaux que nous avons en tête. Ce poison de la pensée génère du stress, qui peut entraîner une grande anxiété et engendrer la dépression. Les jugements que nous formulons à chaque événement sont des venins qui nous éloignent du moment présent.

## S'entraîner au calme de l'esprit

Depuis quand n'avez-vous rien fait pendant 10 minutes ? Rien, mais rien du tout. Pas même un texto, un courriel, la lecture d'une information dans un magazine, sur Internet, pas un coup de fil, pas un coup d'œil à la télé. Personne ne sait rien faire. Nous avons l'impression que remplir nos vies et faire face à nos responsabilités nous confèrent une utilité. Le contraire nous est impensable, ce serait une perte de temps.

Toute la difficulté est d'apprendre à prendre soin de notre esprit. Nous entretenons nos familles, nos maisons, nos voitures, nos vêtements, nos corps et même nos cheveux, mais… pas nos cerveaux ! Ce sont nos pensées, nos idées qui nous font vivre, et pourtant nous délaissons notre mental : or, nous devons en prendre soin et vivre davantage dans l'instant présent. Et c'est ce que la méditation nous apprend.

En effet, dès que nous sentons que nous sommes inquiets, nous ressentons comme une inquiétude d'être inquiets. À la moindre petite peur ou angoisse, nous sommes dans l'anticipation de nous sentir mal. Cet inconfort au mieux nous culpabilise, au pire nous angoisse. Nous avons peur d'avoir peur.

Savez-vous que 47 % du temps nous sommes perdus dans nos pensées, et que celles-ci sont en très grande majorité des jugements négatifs sur nous-mêmes ? N'est-ce pas un peu triste d'apprendre que nous passons près de la moitié de nos vies, bouleversés par des commentaires toxiques sur nous-mêmes ? Ces pensées négatives nous mènent vers la dépression, non pas par faiblesse mais par habitude mentale délétère. Le stress, l'anxiété et la dépression sont tellement fréquents qu'ils ont un réel impact sur nos existences. Les effets directs et indirects sur nos vies familiales, affectives, sur nos proches, sur nos vies sociales et professionnelles sont gigantesques.

## Halte aux vieux clichés !

Il faut se débarrasser des clichés sur la dépression, l'anxiété, la maladie mentale, parce qu'ils sont extrêmement répandus. Une personne sur cinq sera touchée par ce type de troubles. Le poncif du dépressif accro aux médicaments a la vie dure. Comme s'il le faisait exprès ! Comme si c'était une question de volonté ! La dépression n'est ni une tare, ni une honte. C'est une vraie maladie qu'il convient de soigner. La survenue de ces troubles est la conjugaison de différents facteurs comme la génétique, les vulnérabilités individuelles, notre environnement professionnel mais aussi personnel.

Nous pouvons les éviter en devenant actifs. Prendre soin de nous-mêmes, ce n'est pas se laisser aller mais, justement, adopter une attitude responsable vis-à-vis de notre santé. Nous choisissons bien de changer notre alimentation en tenant compte de son impact sur notre santé. Nous décidons de faire du sport pour entretenir notre corps. Mais « faire du sport avec notre esprit » nous semble à tout le moins obscur, sinon abscons.

La méditation serait pour les babas cool attardés, les soixante-huitards fossilisés ! Les lieux communs concernant cette pratique sont coriaces… Certains pensent qu'il s'agit d'une secte menée par un gourou. D'autres se méfient de tout ce qui touche à l'esprit, craignant la manipulation, la divination, l'interprétation. Et puis, il y a ceux qui disent que la méditation n'est pas pour eux, que ça ne leur dit rien ou que c'est une perte de temps.

## L'urgence du bien-être

Enfin, d'aucuns affirment que la méditation est un « truc bouddhiste » ! C'est un peu vrai, mais rien ne vous oblige à vous convertir pour apprendre. Bien d'autres religions invitent à des formes de méditation qui conduisent vers la conscience. Pratiquer la pleine conscience signifie que vous vous ouvrez à une nouvelle expérience ainsi qu'à une manière différente de vivre les choses.

Il n'y a pas de mode d'emploi pour mener sa vie. Il n'y a pas d'école pour aller vers l'accomplissement. Le philosophe allemand Karl Jaspers a décrit la « période de l'âge axial » : à cette époque, entre 800 et 200 avant notre ère, dans la Grèce et la Rome antiques, Marc Aurèle, Pythagore, Épicure, Sénèque, Platon, Socrate enseignaient la philosophie quand, parallèlement, l'Asie connaissait un éveil identique grâce à Lao Tseu, Confucius et Bouddha. Il est troublant de constater que l'humanité s'est posé les mêmes questions, au même moment, dans des civilisations différentes. Et voilà que ces mêmes valeurs – chercher une motivation, par exemple, ou donner du sens à nos vies – réapparaissent aujourd'hui ! Ce que le philosophe Michel Foucault appelait le « gouvernement de soi », l'art de vivre, revient à la mode. Mais il n'y a pas besoin de comprendre, ni d'adhérer à telle ou telle religion pour méditer. L'idée d'une spiritualité laïque restera notre objectif. Une rencontre avec l'Éveil, une force qui nous dépasse et nous transcende, est passionnante mais n'est pas ici notre sujet.

## Quel est l'objectif ?

Rassurez-vous. Apprendre la pleine conscience ne veut pas dire entrer en transe, s'asseoir en lotus, se raser le crâne, faire brûler des bâtons d'encens, léviter, nous torturer les méninges ! Cela signifie que nous allons nous voir – et voir le monde qui nous entoure – tels que nous sommes – et tel qu'il est –, en nous débarrassant de ce que « nous devrions être » ou « il devrait être ».

La pratique de la pleine conscience, ou encore méditation, apporte de nombreux atouts. Si nous pouvons être le plus possible en pleine conscience dans la journée, beaucoup de choses peuvent changer. Ces qualités nouvelles peuvent nous aider à faire face au stress, à baisser notre tension artérielle, à améliorer notre mémoire, à nous débarrasser de la dépression et de l'anxiété, à changer la relation que nous entretenons avec la nourriture, à booster notre créativité et à doper notre attention.

Ce faisant, nous allons prendre l'habitude de nous décentrer, comme si nous nous regardions du plafond, pour accepter les situations comme elles sont, pour voir la réalité en face, sans vouloir la changer et, surtout, en nous débarrassant de tous nos problèmes d'ego. Nous allons prendre des décisions alors qu'auparavant nous nous égarions, perdions notre temps et notre attention au profit de tergiversations stériles. Nous allons réduire notre stress en identifiant la rumination ou l'anticipation. Nous allons gagner un temps précieux que nous croyions perdre à nous asseoir pour méditer. Notre vie deviendra plus naturelle et, surtout, moins menaçante.

## Par où commencer ?

Au début, on se sent un peu bête, on se demande comment faire. Le plus difficile est de s'autoriser un temps pour soi – même si on doute encore de sa pertinence. Accordez-vous un quart d'heure ou une demi-heure pour commencer. Asseyez-vous, pas nécessairement sur un coussin de méditation puisqu'une chaise fait parfaitement l'affaire. Branchez une minuterie – il y en a toujours dans les Smartphone. Et surtout, ne vous fixez aucun but, n'attendez rien. Moins vous espérerez, mieux vous avancerez !

Donc, asseyez-vous, réglez la minuterie, fermez les yeux. Tout ce qu'il faut faire à présent est de porter votre attention sur votre respiration, le souffle qui va et qui vient. Respirez par le nez, sans chercher à modifier votre rythme respiratoire naturel. Observez les mouvements de votre corps, du ventre, du thorax. Concentrez-vous sur la fraction de seconde en fin d'expiration, juste avant l'inspiration suivante. Cet instant précis vous permet de libérer vos pensées : vous vous observez en train de penser, en train de respirer. La respiration est un mouvement réel, c'est la raison pour laquelle vous devez vous concentrer sur elle. C'est un pivot, un ancrage dans le présent.

Ne vous inquiétez pas. Au début, vous aurez du mal à rester impassible. Vous observerez sans doute un brouhaha mental ! Vous ne pouvez pas tout de suite appuyer sur le bouton stop de vos pensées, c'est impossible. Restez indulgent avec vous-même…

## La méditation, un processus très simple

Notre esprit est actif et saute sans cesse d'une pensée à une autre un peu comme du sable dans un verre d'eau, il faut du temps pour qu'il dépose. Pour parvenir à la pleine conscience, il nous faut, comme nous y invite Deepak Chopra[1], trouver un passage dans le rideau de fumée que représentent tous ces commentaires toxiques. Mais il est inutile de lutter pour traverser ce rideau ! Ce serait comme vouloir dissiper un brouillard, ça ne sert à rien. Si vous voulez voir de l'autre côté de la rue par un jour brumeux, rien que vous puissiez faire physiquement ne vous aidera. De temps à autre, lors d'une trouée claire, vous pourrez voir ce qu'il y a plus loin. Mais sinon, vous devrez attendre calmement et patiemment que la brume se lève et se dissipe.

Le but de la méditation est d'arrêter de suivre les pensées pendant un moment pour être en contact avec soi dans le présent. Examiner le torrent de pensées peut s'avérer difficile. Pour les débutants, il est parfois frustrant de se confronter à ce flot de réflexions. Mais justement : cette frustration n'est

1. *Le Livre des coïncidences*, J'ai lu, 2009.

qu'une pensée déstabilisante et une émotion gênante de plus. L'objectif est d'attendre, de se libérer, tranquillement, passivement.

Quand les pensées surviennent, la règle de base est la suivante : déplacez votre attention sur la respiration. Laissez ensuite la pensée poursuivre sa progression naturelle. Vous n'êtes pas attaché à elle. Elle peut s'en aller comme les nuages dans le ciel peuvent aller et venir.

Quand un inconfort physique apparaît, changez de position. Ressentir une tension, avoir une irrésistible envie de bouger font partie de la réalité. Bien sûr, le but n'est pas de vous faire mal, mais d'accueillir aussi l'éventuel inconfort.

Les résultats de la pratique sont visibles dès les premières semaines. Il y a une sorte de révélation de tel ou tel aspect de la technique. Une paix intérieure s'installe dans la vie quotidienne. La méditation de pleine conscience vous sera bénéfique sur le plan du stress, de l'attention, de la concentration ; peut-être pas tout de suite, mais avec un peu de patience, les progrès seront au rendez-vous.

## Où allons-nous ? Où allez-vous ?

La rencontre de la sagesse ancienne et des neurosciences appelle quelques explications sur la manière dont un entraînement à un exercice mental peut changer les structures de notre cerveau et ses fonctions. Nous allons explorer les points communs des différents programmes déjà largement répandus et n'en garder que quelques exercices, en les simplifiant pour qu'ils deviennent un guide, un support pour vous aider à comprendre et… vous y mettre !

Les différents apports pratiques de la méditation seront abordés plus loin, pour aller du concept au concret, avec de nombreux exercices. Les effets sont innombrables. La méditation permet de mieux gérer nos émotions, de prendre soin de notre santé, d'en finir avec le stress, l'anxiété et la dépression, d'améliorer notre productivité au travail, notre créativité et, enfin – le meilleur pour la fin ! – de développer notre empathie.

Mine de rien, la pleine conscience nous invite à veiller sur nos vrais besoins, à nous recentrer sur nos valeurs. L'esprit indompté peut devenir plus centré. Je suis certaine d'une chose : nous pouvons apprendre sur nous-mêmes et transformer nos vies grâce à la méditation. La pleine conscience c'est simple et facile. Non et non, vous n'avez pas besoin d'être un moine tibétain pour bénéficier, vous aussi, de ses innombrables effets bénéfiques.

PREMIÈRE PARTIE

# DÉCOUVREZ LA PLEINE CONSCIENCE

« Les hommes sont tourmentés par les opinions qu'ils ont des choses, non par les choses mêmes. »

*Michel de Montaigne*

*Ainsi, vous n'êtes pas (encore) méditant. Et vous êtes dubitatif... Avant de vous lancer, vous aimeriez en savoir plus : la méditation, qu'est-ce que c'est ? Qu'est-ce que ça change ? Ce chapitre vous apportera un éclairage précis et complet sur la pleine conscience.*

## La pleine conscience, qu'est-ce que c'est ?

C'est un état de la conscience qui peut se développer, s'améliorer, et qui est sensible à l'expérience. Cette qualité de conscience, souple et alerte, donne une lucidité nouvelle à l'instant présent. Elle permet l'observation de l'esprit sans discrimination, ni jugement, ni évaluation. C'est une posture mentale qui se définit par la présence, l'ouverture, la curiosité, le détachement. Nous ne sommes plus parasités ou distraits par des pensées, des émotions ou des sensations corporelles, passées ou futures. Notre esprit est dans le présent.

L'entraînement mental qui s'opère pendant la méditation procède de deux mouvements psychiques différents :

Le premier, décrit par les Orientaux comme le *Samatha* en pali, signifie « calmer l'esprit ». Il consiste à revenir dans le présent le plus possible. Comme nous nous rendons compte que l'esprit vagabonde, nous nous exerçons à le ramener dans ce fameux présent. Ce premier mouvement booste notre attention. Nous arrivons de plus en plus à « décrocher » pour revenir « là, ici et maintenant ». Il est une image couramment utilisée pour illustrer ce retour au présent : c'est le « *top-down* », comme si l'attention revenait du haut vers le bas. Ce circuit descendant est lent, volontaire, il suppose un effort, une certaine maîtrise de soi.

Le second mouvement consiste, cette fois, à maintenir l'attention ici et maintenant. Il porte le nom de *Vipassana* en pali, mal traduit par « vision pénétrante ». C'est une façon de prêter attention à la réalité. Cet esprit ascendant est intuitif, il fonctionne par réseaux d'associations. Nous oscillons très souvent entre l'attention et la distraction. La facilité avec laquelle l'esprit peut aller, venir, repartir et vagabonder, est étonnante ! Mais en demeurant dans le présent, les pensées évoluent, comme si elles remontaient de bas en haut : « *bottom-up* ». Ainsi, des idées inédites peuvent apparaître. Parce que nous ne la jaugeons pas, parce qu'aucun jugement ne s'opère, notre créativité est renforcée. Quand nous maintenons notre attention dans le présent, nous pouvons voir les pensées apparaître, sans forcément les suivre. Nous les laissons parcourir notre esprit, nous observons, sans jugement, qu'elles nous traversent.

En méditant, nous apprenons à accepter. Lorsqu'un événement désagréable survient, nous gêne, comme un petit caillou dans une chaussure, nous constatons notre inconfort sans pour autant nous arrêter de marcher. Nous savons qu'il est là mais nous avançons toujours. Nous ne changeons pas, nous acceptons. Le mot d'acceptation revient beaucoup dans les explications sur la méditation. Pour autant, il ne s'agit pas d'accepter tout et n'importe quoi ! *A priori*, nous avons envie de nous raidir quand nous sommes bousculés, déséquilibrés, contrariés. Mais accepter ce n'est ni nous soumettre, ni subir ou nous résigner. C'est demeurer sans jugement, là dans le présent. Nous consentons volontairement à recevoir toutes les pensées, quelles qu'elles soient, sans vouloir les changer. Accepter ce qui nous traverse, c'est considérer les événements comme possibles sans pour autant les justifier, ni les excuser. Si nous voulons bien convenir que des pensées désagréables ou indésirables nous viennent à l'esprit, sans émettre d'avis, nous devenons les témoins de ce phénomène. Nous donnons notre accord pour que des expériences mentales désagréables s'opèrent. Nous acceptons ce qui se passe en nous – pas ce qui vient de l'extérieur, nous faire humilier par exemple, ou maltraiter ou abuser. Ce sont la sensation corporelle, l'émotion et la pensée que l'événement déclenche en nous qui sont acceptées et revues sous un autre angle. Il n'est pas question de se faire lobotomiser et de tout laisser faire ou dire !

## Mais… sans méditation, comment pense-t-on ?

Spontanément, nous ne sommes pas présents, pas concentrés dans nos activités. Des études font le constat suivant : la moitié du temps, nous sommes absents à ce que nous faisons, nous agissons machinalement, en « pilote automatique ». Voici alors comment nous vivons une expérience :

Dans notre cerveau, notre corps, notre cœur, un enchaînement s'opère, une spirale parfois infernale :

- Un objet (ou un objet de pensée comme une idée, une émotion, un souvenir) apparaît dans notre champ de perception, il est mis en contact avec l'un de nos organes sensoriels : c'est le temps de la connaissance (*awareness*).
- Cette connaissance dure peu de temps, elle s'arrête. Il n'y a pas de différence entre un stimulus sensoriel ou un événement mental, une pensée.
- Les ressources attentionnelles sont limitées. Nous avons l'impression de recevoir plusieurs informations en même temps mais c'est une illusion. Le cerveau humain ne capte qu'une information à la fois.

– Une série d'impressions sensorielles et d'événements mentaux font irruption. C'est une succession très rapide d'images fixes, comme celles d'un film. Ces phénomènes se produisent des douzaines de fois par seconde.
– Avec la perception de l'objet, vient une « tonalité de ressenti » qui se divise en trois catégories : neutre, plaisante ou déplaisante. Parce que ces ressentis sont extrêmement fugaces, ils peuvent même passer inaperçus.
– Inconsciemment, une chaîne de réactions et de pensées se déclenche et peut mener à une souffrance. Notre cerveau émet une critique sans que nous nous en rendions compte.
– Instinctivement, nous fuyons les perceptions désagréables et recherchons celles qui sont agréables. Les termes d'*attachement* et d'*aversion* sont employés pour décrire ces phénomènes.

Pour mieux comprendre, prenons un exemple. Votre collègue de travail vient de vous formuler une critique :

| **Événement** | **Jugement rapide (agréable, désagréable, neutre)** | **Émotions** | **Enchaînement des pensées** | **Sensations corporelles** |
|---|---|---|---|---|
| Critique d'un collègue de travail : « Ton mémo n'était pas clair. » | Désagréable | Angoisse<br>Peur<br>Humiliation | Je ne suis pas à la hauteur, le boss va le savoir, j'aurai une mauvaise évaluation, je risque de perdre mon travail, si je n'ai plus de travail, je n'aurai plus d'argent pour prendre soin de ma famille, mon conjoint va me quitter, je vais finir à la rue... | Le cœur s'accélère, la respiration est comme coupée, la gorge est serrée, le ventre noué, le corps tremble, s'agite. |

Si nous manquons de recul, d'attention, nous n'avons pas le choix : soit nous poursuivons, soit nous fuyons, mentalement, l'objet de la perception. La souffrance psychique est le résultat de l'enchaînement des pensées négatives déclenchées par l'événement d'origine.

La pleine conscience – nous allons bientôt mieux le comprendre – invite à être attentif intentionnellement, dans le moment présent et sans jugement. Or, la pratique de la méditation diminue les enchaînements mentaux, donc les symptômes, parce que nous arrêtons plus vite de penser ou de ruminer.

L'amélioration du sentiment de bien-être apparaît dès lors que les événements mentaux, qu'ils soient sensoriels ou cognitifs (pensées, etc.) sont vécus différemment. En effet, dès que nous acceptons leur présence, sans jugement, sans attachement, ni aversion, ils deviennent éphémères. Ils… passent.

Rien ne change fondamentalement : ces événements sont toujours vécus comme agréables, désagréables ou neutres. Mais puisqu'ils ne sont pas suivis par l'enchaînement de pensées négatives qui nous tire vers le bas, la souffrance diminue. Et ça, ça change tout !

Cette philosophie de la pleine conscience rappelle bien sûr les Quatre Nobles Vérités du bouddhisme :

1. Tout est souffrance puisque rien, même le bonheur, n'est permanent.
2. La souffrance vient de notre soif, de notre désir que tout aille bien.
3. Nous sommes en mesure d'identifier la source de notre souffrance : notre avidité.
4. Nous pouvons nous libérer de la source de cette souffrance en cultivant notre conscience.

Suivant l'invitation de la tradition bouddhiste, le méditant observe et développe son aptitude à prendre de la distance avec la souffrance.

## Pourquoi la pleine conscience et non pas une simple méditation ?

Il existe des façons différentes de pratiquer la méditation, même si chacune enseigne avant tout la concentration. La pleine conscience va plus loin. Elle invite à une perspective plus large : les méditants sont encouragés à observer le cheminement de leur pensée au cours de son déroulement, d'instant en instant. Comme s'ils devenaient témoins d'eux-mêmes. Ainsi, ils regardent avec plus de distance la pensée, l'émotion et la sensation corporelle déclenchées par tout événement :

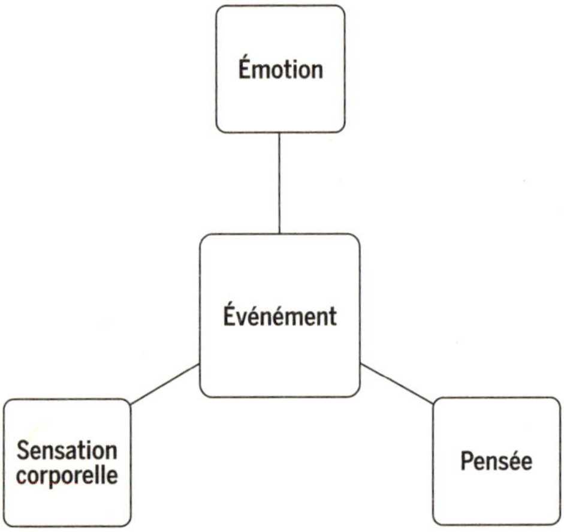


Nos capacités attentionnelles sont limitées – même si nous « partons dans tous les sens » ! Or, si l'attention est suffisamment fixée et maintenue sur un seul objet, nous évitons que d'autres sujets n'apparaissent de façon impromptue à la conscience. Le vagabondage mental est momentanément interrompu. C'est ce qui fait la différence entre la concentration et la pleine conscience qui, elle, s'appuie sur trois autres dimensions : la conscience de l'impermanence (ça ne dure pas), le non-jugement (pour éviter la souffrance) et l'acceptation du « non-soi » (ce qui me dépasse). Rassurez-vous, vous comprendrez très vite ces concepts pour l'heure un peu savants.

Si l'attention chute, le vagabondage reprend, avec son lot de pensées, d'émotions et de sensations corporelles. C'est soit l'un, soit l'autre ! Soit nous sommes en « pilote automatique », la distractibilité prend le dessus et occupe notre espace psychique ; soit nous sommes dans l'instant présent et nous pouvons alors récupérer nos capacités.

Schématiquement, notre espace psychique pourrait, comme l'évoque Steven Covey, être représenté comme un cercle ; à l'extérieur demeurent nos préoccupations, au centre résident nos capacités attentionnelles :

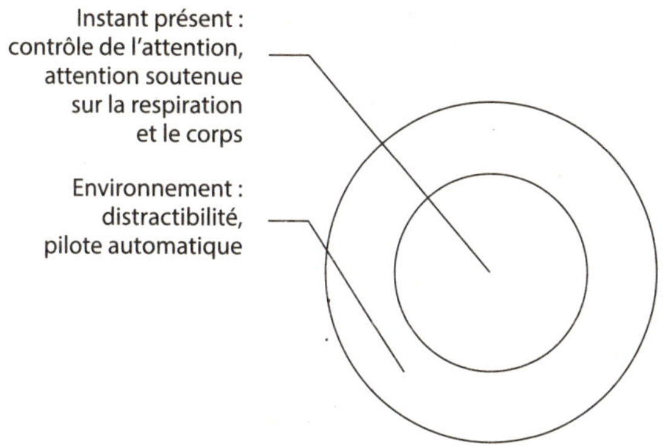


Dans la pratique de la concentration, l'objectif est de focaliser son attention sur l'objet de méditation, à l'exclusion du reste. Le méditant tente de maintenir son champ de conscience sur la respiration, par exemple. Il porte son attention sur l'inspiration, de l'instant où elle commence jusqu'à la fin ; puis sur la pause entre inspiration et expiration ; ensuite sur l'expiration, de l'instant où elle commence jusqu'à la fin ; et, enfin, sur la pause entre les deux mouvements. S'il arrive que l'esprit soit distrait, l'attention est ramenée sur la respiration. L'entraînement va muscler ce contrôle attentionnel et la capacité à revenir dans le présent.

Dans la pleine conscience de la respiration, nous remarquons plusieurs choses :

- D'abord, il n'y a pas deux mouvements respiratoires identiques. C'est une cible mouvante, qui change tout le temps : c'est ce que l'on appelle **l'impermanence**.
- Ensuite, certaines respirations sont plus agréables que d'autres. Nous allons donc faire des efforts pour les reproduire, des efforts liés au phénomène aversion/attachement vu précédemment (nous recherchons ce que nous apprécions et fuyons ce que nous n'aimons pas). Les efforts de fuite ou d'attachement peuvent être source d'inconfort si nous nous crispons à vouloir maintenir ou éviter un type de respiration : c'est pourquoi il convient de demeurer dans ce que l'on appelle **le non-jugement**.
- Enfin, la respiration, si elle peut être contrôlée, n'est pas un acte volontaire. La plupart du temps, elle revient et revient sans cesse. Elle ne dépend pas de l'individu, elle le dépasse : c'est ce que l'on appelle **le non-soi**.

Évidemment, ces notions peuvent paraître un peu barbares ! Mais avec le temps, ces trois caractéristiques deviennent plus une expérience, une habitude, qu'un concept. Elles s'intègrent dans notre vie. L'objectif de la pleine conscience revient à décomposer les situations en ces trois aspects : l'impermanence, la source éventuelle de souffrance et l'absence de contrôle dessus.

Cette distinction entre la concentration et la pleine conscience a été objectivée par des études scientifiques : l'une et l'autre ne sollicitent pas les mêmes parties du cerveau. Cette distinction a un intérêt tout relatif parce que, dans la pratique, ces deux formes de travail mental s'alimentent : la concentration aide à obtenir le calme de l'esprit, et ensuite, la pleine conscience de ce qui est là entre en jeu.

## Qu'est-ce que ça change dans le cerveau ?

La méditation puise ses racines dans les pratiques contemplatives orientales. La pleine conscience est au cœur de la méditation bouddhiste. Mais elle est davantage qu'une méditation : c'est « un état de conscience inhérent » qui implique d'être conscient de l'expérience, de l'événement, instant après instant.

Shauna Shapiro, psychologue américaine, a étudié les mécanismes et les effets qui découlent de cette pratique. Il convient d'abord de regarder avec attention ces résultats et de distinguer les effets directs et indirects. Tous les programmes de méditation ont prouvé leur efficacité, mais il est intéressant de savoir à quoi cela tient précisément. Est-ce lié à l'engagement de celui qui veut pratiquer ? À la relaxation corporelle ? Ou, véritablement, à l'effet direct de cet entraînement mental ? Nous verrons dans la seconde partie de cet ouvrage qu'effectivement la méditation apporte un certain nombre de modifications, physiologiques et comportementales. Et son lot de bienfaits !

L'anatomie même du cerveau se modifie. Retournons un instant seulement en cours de médecine. Les modifications anatomiques qui résultent de la pratique de la pleine conscience se situent dans la substance grise. Grâce à une IRM (imagerie par résonance magnétique), on a obtenu des clichés du cerveau de 16 personnes qui n'avaient jamais pratiqué. Ces images ont été prises avant et après la participation de ce groupe à un programme de pleine conscience en comparaison avec un groupe de 17 autres personnes. L'étude montre des modifications de l'hippocampe gauche, un épaississement de la substance grise, une augmentation de l'épaisseur du cortex cingulaire, de la jonction temporo-pariétale et du cervelet. En langage courant, ces régions sont celles de l'apprentissage, de la mémoire, de la régulation des émotions et de l'autoréflexivité (la capacité de se regarder réfléchir). En conclusion de cette étude, il ressort que, sur le plan fonctionnel, les capacités des méditants sont renforcées.

## Sur quoi repose la pleine conscience ?

Professeur émérite de médecine, Jon Kabat-Zinn a fondé et dirige la Clinique de réduction du stress et le Centre pour la pleine conscience de l'Université du Massachusetts (Center for Mindfulness). Pour lui, la « pleine conscience signifie être attentif d'une manière particulière : délibérément, dans le moment présent et sans jugement ». À partir de tels propos, nous pouvons définir les trois piliers de la pleine conscience :

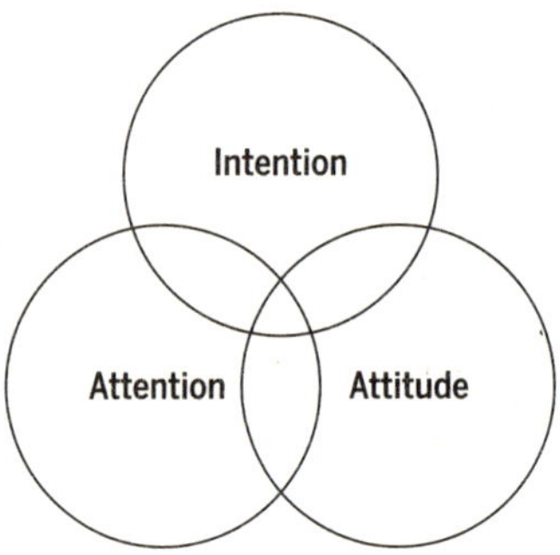


*Premier pilier de la pleine conscience : notre intention*

Il nous faut une bonne dose d'intention ! Dans la tradition bouddhiste, l'intention suppose l'éveil spirituel et la compassion pour tous les êtres vivants. Dans la pratique occidentale, nous nous sommes affranchis de ces objectifs, et notre but est de faire du mieux que l'on peut, délibérément. L'intention de méditer varie au cours du temps. Ce ne sont pas toujours les mêmes raisons qui nous motivent, et nos raisons initiales peuvent évoluer.

★ Pierre, 48 ans, chef d'entreprise et bourreau de travail, commence à méditer pour réguler sa tension artérielle après un infarctus. En pratiquant, il découvre les effets de la pleine conscience sur ses émotions : il gère mieux ses frustrations, ses angoisses. Il devient plus empathique, son leadership change, sa relation avec ses collaborateurs aussi. L'intention de Pierre a évolué. Motivé par un problème de santé, il s'ouvre à une autre dimension et prend soin de son bien-être en général.

Il n'est pas inutile de vous poser la question : Quelle est votre intention, c'est-à-dire pourquoi voulez-vous pratiquer ? C'est un élément central, important pour comprendre comment ça marche et booster votre motivation.

*Deuxième pilier de la pleine conscience : notre attention*

Le deuxième élément fondamental est l'attention. Dans le contexte de la pleine conscience, faire attention implique d'observer les faits qui se déroulent, instant après instant, comme des expériences internes ou externes à notre corps. Cela signifie supprimer toutes les interprétations et assister à l'expérience, dans l'ici et maintenant. Ainsi, nous apprenons à regarder ce qui se passe dans le champ de conscience, moment après moment.

L'attention est au centre de la guérison des troubles et du manque de flexibilité mentale. Sa qualité – faible, moyenne ou bonne – va conditionner le changement et le soulagement des difficultés. L'attention repose sur trois aptitudes :

– la capacité à se montrer présent à un objet (le corps, par exemple, ou la respiration) pendant une longue période, sous forme de vigilance ou d'attention soutenue ;
– la capacité à changer de cible, à focaliser son attention sur autre chose, à passer d'un objet à l'autre sur commande ;
– la capacité à inhiber les processus mentaux secondaires des pensées, des émotions et des sensations corporelles.

La méditation améliore ces trois aspects de l'attention.

★ C'est le cas de Philippe, 34 ans, journaliste à la télévision. Il se met à la méditation pour lutter contre l'anxiété. Avec la pratique, il s'aperçoit que, lors des réunions de la rédaction, il peut davantage soutenir son attention : il focalise plus longtemps sur un sujet mais peut aussi passer d'un sujet à l'autre sans difficulté, et, surtout, il est en mesure de faire abstraction de toutes ses pensées automatiques négatives sur l'audience de l'émission pour laquelle il travaille, alors qu'auparavant les chiffres ou la peur de choisir le mauvais sujet bloquaient toutes ses capacités de concentration.

### *Troisième pilier de la pleine conscience : notre attitude*

C'est le troisième des essentiels de la pleine conscience : la disposition d'esprit dans laquelle nous méditons va en conditionner le résultat. « Faire attention » est une action capitale ; seulement, l'attitude avec laquelle nous « faisons attention » ne l'est pas moins. Nous pouvons être froids, distants ou, au contraire, très chaleureux, affectifs, amicaux, intéressés.

Cette posture mentale pourrait s'appeler la « pleine conscience du cœur », qui sous-entend d'inclure des qualités émotionnelles à notre pratique. N'importe qui peut apprendre à devenir témoin de ses propres expériences, sans les juger, ni les critiquer, et accepter avec bienveillance ce qui vient – même si cela n'a rien à voir avec ce qui était prévu !

La « bonne » attitude est une posture de curiosité bienveillante et d'orientation vers l'expérience. Avec cette disposition mentale, il n'y a plus de poursuite ou de fuite des événements agréables ou désagréables. Il n'y a plus d'aversion ou d'attachement puisque les expériences sont accueillies telles qu'elles sont. Sortir des habitudes mentales de jugements et d'interprétations en cascade des événements c'est arrêter de ruminer, mais aussi libérer de l'espace psychique dans notre esprit.

★ Céline est une jeune comptable de 33 ans, mère de famille. Elle travaille dans un cabinet où elle ressent beaucoup de stress. Elle sait qu'elle est à un tournant de sa carrière : elle pourrait s'investir davantage professionnellement, mais elle doit parallèlement s'occuper de ses deux enfants en bas âge. Au début du stage, elle n'est pas du tout convaincue que la méditation puisse venir à bout de son stress. Mais dès qu'elle perçoit l'espace de liberté que lui apporte la pleine conscience, elle se voit « agir » au bureau ou à la maison. Peu à peu, elle adopte une attitude plus positive et observe que ses préoccupations concernent son travail, puis ses enfants. Mais elle ne s'en fait pas le reproche. Elle devient plus efficace parce que moins encombrée par les pensées négatives. Cette bienveillance envers elle-même dissipe la peur et la culpabilité qui l'empêchaient d'agir.

L'intention, l'attention et l'attitude sont les moyens par lesquels nous atteignons la pleine conscience. Ce sont des actes mentaux volontaires, personne ne peut s'y employer pour nous. Si nous ne sommes pas décidés, nous n'y arriverons pas. Nous avons besoin de ces trois-là pour bénéficier des bienfaits de la méditation.

## À quoi sert de prendre du recul ?

Faire attention, sans jugement et avec bienveillance, permet de changer de perspective, de voir différemment ce qui nous arrive. Nous appelons ce changement de perspective la « reperception » ou encore l'*insight*, le détachement, la décentration, la dé-automatisation. Plus simplement, il s'agit de notre capacité à faire un pas de côté pour observer ce qui est là. Appelons cela prendre de la distance, de la hauteur, du recul.

Cette nouvelle aptitude développée ressemble à un retournement : ce qui était sujet devient objet. Ce changement de perspective existe naturellement et augmente avec l'âge chez tout individu. La pleine conscience ne fait que développer cette faculté. Se décentrer c'est acquérir un point de vue plus large. C'est aussi prendre en considération les préoccupations de notre interlocuteur. C'est, d'une certaine manière, notre premier pas vers l'empathie : nous voyons autrui, acceptons que ses besoins et ses désirs soient différents des nôtres.

La pleine conscience accélère et renforce ce processus naturel. En musclant notre attention, intentionnellement et sans jugement, notre capacité d'« auto-observation » se renforce et nous sommes moins collés à l'expérience. En « voyant » l'expérience, nous nous mettons à distance. Nous avons une vision plus large. Qu'il s'agisse de peur, de douleur ou de dépression, le fait de les « voir » de l'extérieur nous fait dire que ni l'une ni l'autre ne nous caractérise : « Cette peur, je la vois, elle n'est pas moi », « Cette douleur n'est pas moi », « Cette dépression n'est pas moi ».

Ce que nous racontons à notre sujet, ce que nous croyons être, ce que nous imaginons des autres, etc., ne sont que des pensées. Cela change radicalement notre relation à nos pensées, nos émotions et nos sensations corporelles. Il s'ensuit une plus grande clarté, une perspective élargie, davantage d'objectivité et, pour finir, une équanimité, c'est-à-dire une neutralité des émotions.

Dans le cadre de la Thérapie d'acceptation et d'engagement (*Acceptance and Commitment Therapy*, ACT), où l'objectif est, comme en pleine conscience, de vouloir changer la relation avec les pensées plutôt que de vouloir les modifier, ce recul est appelé « défusion ». L'idée est de devenir témoin de l'activité mentale, sans lutter contre.

Le changement de perspective s'apprend. Et vous apprendrez ! Vous saurez alors mettre de la distance et gérer les émotions désagréables. Évidemment, vous pouvez attendre… La capacité de changer de point de vue s'apprend aussi avec l'âge et le langage, exactement comme les enfants apprennent les relations spatiales (ici/là-bas), temporelles (maintenant/demain) et interpersonnelles (je/tu). Seulement, l'entraînement et la pratique de la méditation permettent de progresser bien plus vite.

## Changer de perspective, ça change quoi ?

Il y a quatre grands avantages à ce changement de perspective : la régulation des émotions, la clarification des valeurs, l'acceptation et la flexibilité mentale. Un pas de côté pour quatre bénéfices importants :

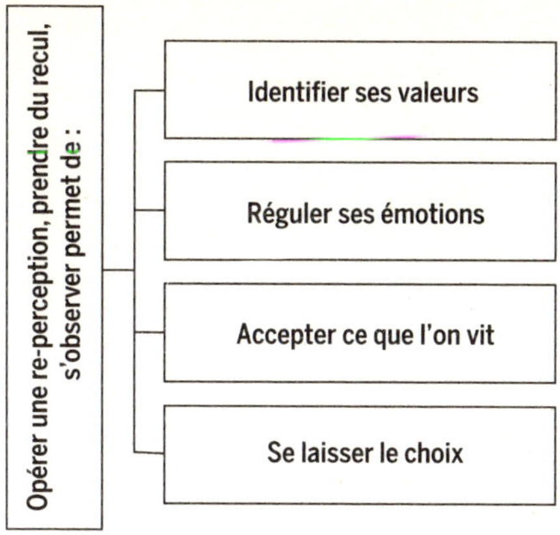


*Identifier ses valeurs*

Nos valeurs nous ont été inculquées par la famille, l'éducation, le groupe social, la communauté. Seulement, nous n'en avons guère conscience, nous ne savons même plus qu'elles orientent nos choix de vie. Nos croyances nous incitent à adopter des attitudes qui ne sont pas forcément en phase avec ce que nous croyons être juste, au fond de nous.

En prenant de la distance et en observant ces croyances, nous pouvons mieux distinguer, découvrir et choisir celles qui comptent et nous correspondent vraiment. Les processus de pensées automatiques, eux, limitent les options. Ils ne nous encouragent pas à réagir en fonction de nos besoins et de nos valeurs.

★ Bernard exerce une profession libérale et vient d'être sollicité pour être élu dans sa corporation. Après son divorce il y a deux ans, il a traversé un épisode dépressif. En méditant, il apprend à s'observer penser différemment, avec bienveillance. Il s'aperçoit que ses enfants et le sens de la famille sont pour lui des valeurs importantes. Plutôt que d'accepter cette campagne électorale professionnelle, il choisit de consacrer plus de temps à ses deux fils. La pleine conscience lui a fait comprendre qu'il était prisonnier de certaines pensées (« il faut », « je dois/je ne dois pas », « j'aurais/je n'aurais pas dû », etc.), des pensées incessantes qui l'éloignaient de ses vrais besoins. Il s'est autorisé à « être » avec ses fils.

### *Réguler ses émotions*

Si notre intention est bien de cultiver une attention sans jugement, alors nous pouvons nous attendre à une meilleure santé. Car la pleine conscience permet la régulation des émotions. Plutôt que de réagir sur une échelle de +10 à -10, l'amplitude des réactions émotionnelles descend de +3 à -3. La colère, la tristesse et la peur ont une moindre portée.

Prenons l'exemple de la colère. À force de nous observer réagir à tel élément déclencheur, souvent anodin, nous accédons à une prise de conscience : ce qui importe et déstabilise ce n'est pas tant ce que nous vivons que la manière dont nous le vivons. C'est l'intensité de notre réaction qui nous rend malades de colère, pas l'événement. Grâce à la pleine conscience, nous nous entraînons à considérer que, lorsque la situation ne correspond pas à nos attentes, lorsque nous ne nous sentons pas respectés, la déception ou la frustration surviennent, lesquelles se transforment rapidement en colère. Notre corps réagit comme si nous étions en danger et nous donne à éprouver de bien désagréables sensations.

★ Nathalie, 38 ans, travaille dans une banque. Dans son équipe, un collaborateur plus jeune qu'elle vient d'arriver grâce à un piston. Il manque de compétences, fait de l'esbroufe auprès du chef de ce service, mais, surtout, il commet des erreurs, des bourdes, que Nathalie doit réparer de justesse sous peine de se les voir attribuer. La méditation lui permet d'apprendre à regarder différemment sa colère, à mieux la ressentir : elle éprouve du stress, des palpitations, un afflux sanguin vers le haut du corps, elle a chaud aux joues, ses mâchoires se crispent. En laissant s'exprimer ces manifestations physiques, c'est-à-dire sans essayer de les contenir, la colère s'estompe beaucoup plus rapidement et passe maintenant quasiment inaperçue.

Réguler nos émotions c'est aussi prendre conscience d'un phénomène psychique très fréquent : l'injonction paradoxale. Ce message bloque très souvent nos pensées. S'il est interdit, par exemple, de penser à la couleur bleue pendant 5 minutes, nous n'allons faire que ça : nous ne verrons que du bleu ! Alors qu'il est plus simple d'accepter d'y penser, d'arrêter de lutter. C'est la même chose avec l'angoisse : plus nous la fuyons, sans vouloir la ressentir, plus elle augmente. Alors que si nous nous mettons à l'observer, avec curiosité, nous allons savoir où elle se manifeste dans notre corps, quelles pensées elle déclenche. De cette façon, nous allons apprivoiser la peur, qui prendra moins d'ampleur. Nous ne l'avons pas empêchée d'apparaître, nous avons observé les sensations qu'elle engendre, comme l'accélération du cœur ou la respiration plus courte. Si nous ne laissons pas le phénomène se dérouler naturellement en l'observant, alors nous commençons à redouter la peur. Nous avons peur d'avoir peur. Plus nous voulons l'éviter, plus la peur s'impose. Exactement comme la couleur bleue…

*Accepter ce que l'on vit*

Les expériences désagréables que nous avons traversées nous conduisent à les fuir dès qu'elles se représentent. C'est automatique ! Lorsque nous nous sommes brûlés sur une plaque électrique, nous n'avons pas envie de remettre la main dessus. Nous évitons soigneusement de nous en approcher. C'est ce que l'on appelle « un évitement expérientiel ».

Nous fuyons soigneusement pour ne pas retrouver l'émotion, la sensation, la pensée douloureuse.

Grâce au processus de re-perception, à ce recul que nous sommes en mesure de prendre, nous pouvons faire davantage attention à la mine d'informations, de particularités, que nous offre chaque instant. Nous sommes attentifs à ces détails qui déclenchent gêne et inconfort, puis, par ricochet, l'évitement.

Cette nouvelle compétence, ce nouveau regard sur soi, les autres, le monde, nous offrent donc la possibilité de faire face aux situations désagréables et de réduire les évitements. En apprenant à réguler nos émotions, nous évitons de nombreux troubles. Car nous sommes en mesure d'interrompre les enchaînements cognitifs, les enchaînements dysfonctionnels de la pensée, ceux-là mêmes qui ont été à l'origine d'angoisse, de rumination ou de dépression. Faire ce pas de côté et devenir témoins de nos états émotionnels, comme la colère, la tristesse ou la peur, nous permet d'accéder à un certain libre arbitre : nous avons le choix de suivre ou non ces états, d'y adhérer ou de les laisser passer.

L'acceptation n'est pas la soumission. Accepter n'est pas se rendre à l'ennemi ou plier sous le poids des difficultés. Accepter est un acte volontaire : c'est nous-mêmes qui acceptons l'événement ou la situation et nous autorisons à en éprouver les effets. Et puis, lâcher prise n'est pas synonyme de laisser-aller. C'est, au contraire, identifier quelque chose d'imprévu ou de désagréable, puis de consentir à y faire face sans juger, sans lutter. En nous exposant ainsi à l'expérience, nous apprenons que les pensées, les émotions et les sensations corporelles ne sont ni débordantes ni envahissantes. Dans la mesure où nous acceptons de les accueillir...

### *Se laisser le choix*

La capacité de re-perception facilite l'observation des commentaires mentaux qui ne manquent pas de surgir à chaque expérience. Ce regard distancié nous invite à réagir autrement, à nous libérer de ces vieilles habitudes confortablement installées. En apprenant à revenir à l'instant présent, nous donnons de la souplesse à notre esprit. Grâce à cette nouvelle capacité d'observation, un nouveau choix s'offre à nous : nous pouvons réagir comme par le passé ou... faire différemment !

Prenons la peur, par exemple. La réponse à toute crainte est habituellement la fuite. Mais la pleine conscience nous évite cet… évitement. Les automatismes étant repérés, les mécanismes habituels de défense ne sont plus privilégiés. D'autres façons de réagir voient le jour. Peu à peu, nous nous désensibilisons globalement à la peur. Nous arrêtons de réagir à tel ou tel événement et commençons à pouvoir y répondre de façon appropriée. La flexibilité mentale est un « muscle » qui se travaille !

★ Thelma, 40 ans, est divorcée. Elle élève seule ses deux filles. Son ami, qui vient de la quitter, était très dur avec ses enfants. Elle est un peu désemparée, son travail n'étant pas non plus source de quiétude. Quand elle commence la méditation, elle s'aperçoit rapidement qu'elle « tourne en boucle » : enfants/travail/ex-conjoint. Ses préoccupations concernent pourtant un homme qui la faisait souffrir avant de s'éloigner sans une explication. Après huit semaines de stage, Thelma dira qu'elle a appris à renoncer. Accepter les choses telles qu'elles sont, ne plus lutter contre la réalité, c'est ce qu'elle aura compris et amélioré. La flexibilité de son esprit s'est développée, Thelma n'est plus condamnée à rester fixée ou bloquée sur un sujet. Quand elle n'y peut rien, elle sait lâcher prise.

## Que retenir ?

La pleine conscience s'appuie sur :

- Un premier **mouvement mental du haut vers le bas** (*top-down*) pour calmer le brouhaha des pensées dans un temps de concentration ; il s'agit de revenir à l'instant présent, d'adopter une posture stable, pour obtenir le calme du corps et de l'esprit.
- Un second **mouvement mental du bas vers le haut** (*bottom-up*), qui consiste à observer ce qui est là, les phénomènes psychiques, émotionnels ou physiques qui surviennent, le trio « pensées-émotions-sensations corporelles ».

Très régulièrement, l'esprit vagabonde. Focaliser son attention sur ce qui est vécu, là, ici et maintenant, enraye la spirale. La prolifération mentale est interrompue par la prise de conscience que l'esprit est parti errer, se balader, etc. :

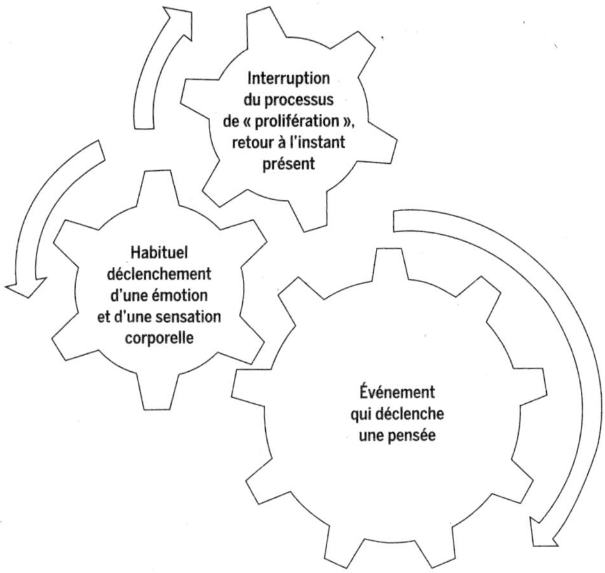


La pleine conscience c'est :

– Une bonne dose de recul ! D'autres termes sont utilisés pour décrire ce recul, la re-perception dont nous avons parlé, l'*insight*, la décentration, la défusion, la distanciation, etc. Tous veulent dire une chose toute simple : nous apprenons à nous regarder penser pour constater que « les pensées ne sont pas des faits », selon l'expression consacrée en pleine conscience. Oui, les pensées sont bien des manifestations psychiques qui passent, tout comme les nuages sont des phénomènes météorologiques qui passent eux aussi. Les voir comme des pensées – et seulement comme des pensées – c'est éviter de s'engager dans le jugement et d'enclencher le cycle de ruminations.

– Un retour à l'instant présent. Souvenez-vous de notre métaphore : notre espace psychique est tel un cercle ; tout exercice pratiqué consciemment ou dans le but d'augmenter l'attention occupe de la place au centre ; et diminue, par ricochet, celle occupée par nos ruminations ou autres anticipations anxieuses. Grâce à la respiration et aux techniques que nous verrons dans la seconde partie, nous ne laissons plus le libre champ au vagabondage mental.

La pleine conscience permet :

– De changer notre relation aux événements. Plus la capacité à observer les pensées, les émotions et les sensations corporelles se développe, plus celles-ci perdent de leur charge affective, et moins l'esprit a besoin de les juger. Avec de l'entraînement, nous modifions notre relation à cet enchaînement de ruminations.
– De diminuer nos réactions habituelles d'aversion/attachement, donc le vagabondage mental. Peu à peu, nous comprenons qu'il est inutile de s'attacher à ce qui est agréable et de fuir ce qui est désagréable parce que nous n'en obtenons aucune satisfaction sur le long terme.
– De favoriser notre libre arbitre. Prendre conscience que les pensées ne sont pas des faits procure peu à peu un grand sentiment de liberté. Nous ne sommes pas condamnés à vivre tout ce que notre cerveau nous raconte ! Parfois, celui-ci nous « trompe » en nous faisant croire que le malheur peut arriver. Considérer que ce phénomène n'est qu'une tendance habituelle de notre esprit à noircir le tableau permet de se détacher du cycle de ruminations. Nous ne nous identifions plus à nos pensées et parvenons à nous dire « Ce n'est pas parce que je le pense que c'est vrai ».
– D'accepter ce qui est vécu. Notre objectif est d'observer de façon intentionnelle et sans jugement. Ainsi, ce qui arrive – un événement ou une pensée, un sentiment, une

émotion, etc. – n'est plus évalué. Avec la pleine conscience, nous prenons du recul, et rien de ce qui arrive n'est traduit en termes inquiétants ou dangereux. L'expérience émotionnelle désagréable peut être vécue sans fuite, sans évitement. L'attitude d'acceptation est l'antidote de l'aversion qui, elle, est à l'origine de nos ruminations. Cette nouvelle posture face à l'existence diminue le stress, l'anxiété et bien des symptômes. L'acceptation ce n'est pas se laisser aller ou se laisser faire ! Il s'agit d'accepter ce qui se passe dans notre esprit et surtout dans notre corps à un moment précis, d'accepter le trio « pensées-émotions-sensations corporelles ».

Voilà les effets que vous pourrez tirer de la pratique de la pleine conscience grâce à l'arrêt de cette prolifération mentale qui vous empoisonne l'existence !

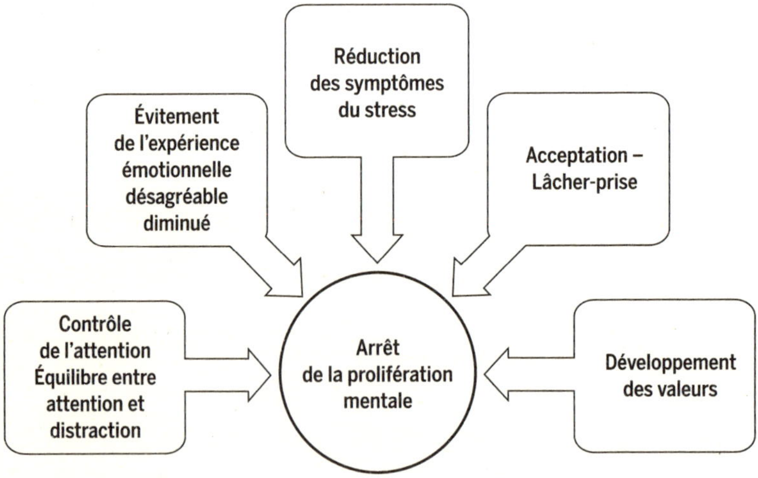

# En pratique comment est-ce ?

*Place à la technique ! La pleine conscience n'est pas qu'une vue de l'esprit. Elle est une discipline, une méthode qu'il faut apprendre et qui repose sur des exercices. Mais bonne nouvelle : elle est à la portée de tous.*

## Une progressivité pour une vie meilleure

C'est dans les années 1970 que bouddhisme et médecine se rejoignent. Dans la lignée du mouvement hippie, le retour à des valeurs plus naturelles, humaines, à l'opposé de la société de consommation, de la guerre du Vietnam, émerge. La mode est au relâchement du stress et de la pression.

Le bouddhisme à l'occidentale se fait plus présent, l'hindouisme inspire le mouvement Hare Krishna, qui naît en 1966 à New York. Loin de là, le roi du Bhoutan, en 1972, propose de s'appuyer sur l'indice du BNB (bonheur national brut) plutôt que sur celui du PIB (produit intérieur brut). Les valeurs psychologiques semblent plus porteuses de développement économique. Toutes ces tendances interpellent les jeunes psychologues, les psychiatres, les chercheurs et universitaires de l'époque qui se penchent davantage sur la gestion du stress.

C'est dans cette mouvance que les thérapies de pleine conscience voient le jour. Le programme de MBSR[1] par

1. *Mindfulness Based Stress Reduction* (Réduction du stress basée sur la pleine conscience)

Jon Kabat-Zinn, mis au point à l'Université du Massachusetts à la fin des années 1970, a pour objectif de gérer le stress. Vingt ans plus tard, dans les années 1990, trois chercheurs universitaires, Zindel Segal (Université de Toronto), Mark Williams (Université d'Oxford) et John Teasdale (Université d'Oxford et Université de Cambridge), souhaitent adapter le MBSR à la thérapie cognitive : ainsi naît le programme de MBCT[1], qui, lui, a pour objectif de prévenir la rechute de la dépression.

D'autres programmes se développeront ensuite au regard des bénéfices de la pleine conscience : ils concernent notamment la gestion des émotions, l'anxiété, les troubles des conduites alimentaires, les addictions. Certains, davantage destinés à la vie professionnelle ou au leadership, au sein des entreprises ou proposés par différents organismes, sont aussi très nombreux. Essayons d'y voir plus clair dans ces différentes ouvertures sur la méditation, en faisant référence à un enseignement classique décrit en fonction du fond, de la forme, de la source, de l'objet et du support.

C'est sur la forme et le support que ces programmes peuvent varier. Les protocoles s'établissent sur six, sept ou huit semaines, ou sont concentrés sur quatre jours, répartis en deux jours de formation à quinze jours d'intervalle, etc.

Tous ont en commun un même objectif : que nous nous connaissions mieux, que nous prenions conscience de nos habitudes intellectuelles toxiques, que nous changions notre façon de faire et d'être. Tous sont progressifs et proposent d'acquérir, étape après étape, de nouvelles aptitudes. La source, comme nous l'avons dit, est très inspirée d'un bouddhisme à l'occidentale. Le fond constitue l'essence même de l'enseignement.

1. *Mindfulness Based Cognitive Therapy* (Thérapie cognitive basée sur la pleine conscience). L'ouvrage des trois chercheurs est paru en français aux éditions de Boeck, en 2006, sous le titre : *La Thérapie cognitive basée sur la pleine conscience pour la dépression : une nouvelle approche pour prévenir la rechute.*

Nous allons le développer, en garder les fondamentaux ainsi que leur successivité logique.

– Repérer le mode par défaut, le vagabondage intellectuel.
– S'extraire du mental.
– Polariser l'attention sur la respiration.
– Rester présent : focaliser sur l'ici et maintenant.
– Accepter les choses comme elles sont.
– Différencier les faits et les pensées.
– Prendre soin de soi : repérer les moments difficiles et avoir un plan d'action.

Plus scientifiquement, nous allons développer davantage de flexibilité mentale par des procédures de désengagement cognitif, d'une part, et de métacognition, c'est-à-dire l'observation de ce à quoi nous pensons, d'autre part.

Les exercices sont organisés en différents types d'activités : les entraînements à la pleine conscience, des tests et la découverte de notre fonctionnement pour mieux nous connaître.

Si vous participez à un stage ou une session classique au sein d'un groupe, ce livre vous servira de guide. Mais vous pouvez tout aussi bien l'utiliser seul, à la maison. Personne ne peut faire l'économie des exercices et de la pratique. Chacun fait comme il peut : « petit forfait » ou « grand forfait », c'est-à-dire 10 ou 20 ou 40 minutes chaque jour. Tenez compte de vos capacités et de vos possibilités, mais passez à l'action ! Pour vous aider à méditer, vous trouverez des enregistrements audio, disponibles sur le site dédié à cet ouvrage :
**www.pasbesoindetretibetainpourmediter.com**

Ces supports vous accompagneront et vous guideront tout au long des exercices.

Tous les programmes disponibles sont des outils formidables pour se comprendre soi-même. Vous remarquerez combien vos habitudes mentales sont dangereuses tant elles vous tirent vers le bas et réactivent la spirale descendante. Vous observerez ce piège nocif de pensées dans lequel vous tombez et retombez encore. Progressivement, vous apprendrez à vous libérer de ces mécanismes et choisirez une nouvelle manière d'être. Plus vous vous connaîtrez, mieux vous appréhenderez les autres, le monde. Vous remarquerez ces petits moments simples, sources de joie. Vous deviendrez sympa avec vous-même. Au lieu d'espérer changer les événements, la situation, et perdre votre temps, vous apprendrez à accepter que les choses soient ce qu'elles sont. Vous arrêterez de vous fixer des objectifs impossibles et de courir après une perfection qui, de fait, n'existe pas. Vous ne vous battrez plus contre vous-même, vous ne vous jugerez plus : vous commencerez enfin à vous accepter comme vous êtes. Beau programme, non ?

Pour commencer, il vous faut trois ingrédients :

- Votre **intention** d'être là. Vous vous engagez dans un processus de changement. Ces programmes ne sont pas des gadgets, c'est un autre mode de vie que vous allez adopter.
- Votre **attention.** Votre présence, « là-tout de suite-maintenant », est indispensable. Le balancier entre l'attention et la distraction va devenir limpide et familier. Fortifier votre attention va renforcer vos compétences.
- Votre **non-jugement**. Vous devez éviter tout commentaire pour modifier en profondeur votre relation à vous-même et aux autres.

Le principal est de s'y atteler, d'expérimenter. Pour apprendre, il faut « faire ». Il est impossible d'acquérir de nouvelles aptitudes sans entraînement. Rassurez-vous, il n'y a ni bonne ni mauvaise attitude. Il faut simplement vous exercer. Les Anciens avaient coutume de dire : « Fais, tu comprendras ». Il en va ainsi de la méditation : pour entrer dans le concept de la pleine conscience, il faut la pratiquer puisque c'est l'expérience qui compte.

Dans les différents chapitres qui suivent, des exercices sont proposés. Après l'expérimentation, viendra le temps de la réflexion, du *feedback*. Écrivez vos commentaires, vos impressions après chaque exercice, ce que vous avez pensé, éprouvé, ressenti. Ce petit logo vous rappellera de faire une pause pour ainsi vous questionner.

Vous trouverez également pour certains exercices le picto

Il vous indique que vous pourrez écouter l'exercice en allant sur le site : www.pasbesoindetretibetainpourmediter.com

SECONDE PARTIE

# DÉVELOPPEZ VOS RESSOURCES

« C'est pure folie de faire sans arrêt la même chose et d'espérer un résultat différent. »

*Albert Einstein*

*C'est scientifiquement prouvé : la méditation est une technique d'entraînement mental qui élargit nos ressources physiques, intellectuelles et sociales. Les effets positifs de la pleine conscience sont variés : celle-ci favorise l'attention, diminue le stress, l'anxiété et la dépression, améliore notre santé et nos relations. Bref, elle change notre vie.*

*Désormais familier de la discipline, vous trouverez dans cette seconde partie ce dont vous avez besoin, vous plus particulièrement. Vous pouvez directement plonger dans le chapitre consacré au stress si vous souffrez d'une tension intérieure permanente ou lire celui sur l'empathie si votre souhait est de vous ouvrir aux autres ou encore vous intéresser à la mémoire si le sujet vous préoccupe en ce moment. Soyez libre de piocher dans ce qui vous motive.*

*Mais vous pouvez aussi simplement tourner la page et poursuivre votre lecture…*

# Musclez votre attention

**Vous êtes distrait, vous avez du mal à vous concentrer, vous faites souvent deux choses en même temps mais sans efficacité. Vous avez besoin de muscler votre attention. Ce chapitre est fait pour vous.**

★ Nicolas, âgé de 28 ans, travaille en free-lance pour la publicité. C'est un créatif : il fait des illustrations. Fort de son succès, il a de nombreuses missions en attente. Il ne souhaite pas intégrer une entreprise et préfère travailler avec des contrats ponctuels : surtout ne pas se sentir enfermé dans une institution ! Il gère son temps comme il l'entend. Seulement, son attention est peu soutenue au cours d'une journée. Il parvient à travailler plusieurs heures d'affilée mais au prix de gros efforts. Il donne l'impression de pouvoir faire plusieurs choses à la fois, mais, au fond de lui, il sait que c'est une illusion. Il ne termine pas spontanément ce qu'il entreprend et doit se servir de repères pour corriger sa tendance à la dispersion. Pour remettre son travail en temps et en heure, il branche des alarmes sur son téléphone et noircit son agenda. L'organisation n'est pas son fort, il a besoin de subterfuges pour se concentrer, se structurer. Cette attention fantaisiste et cette tendance à la dispersion le gênent : elles lui donnent des complexes et le font douter de lui-même. Et si les autres le remarquaient ? En société ou en rendez-vous, Nicolas a l'impression que « ça se voit ».

C'est pour lutter contre son anxiété qu'il s'intéresse d'abord à la méditation. Les premières séances sont pour lui très difficiles... Il a du mal à rester assis sans bouger. Au bout d'une dizaine de minutes, il ressent une terrible envie d'allonger les jambes, de se gratter, de s'étirer, d'enlever son pull. Les premiers temps, les exercices à domicile sont de véritables mises à l'épreuve ! Puis, peu à peu, il s'aperçoit que... rien ne presse, personne ne l'attend, il a du temps pour pratiquer. L'instant présent devient une nouvelle expérience de la réalité. Il prend conscience que son corps peut arrêter de bouger. Son esprit est en mesure de se stabiliser, de faire une seule chose à la fois, jusqu'au bout. Nicolas apprend à ressentir ses pensées, ses émotions et ses sensations corporelles en « posant » son corps et son esprit. À la fin de la session des huit semaines, il confie : « J'ai appris la verticalité. »

## Qu'est-ce qu'un cerveau attentif ?

Comme l'a observé Jean-Philippe Lachaux, un cerveau attentif est un cerveau qui n'est pas distrait. En mode « par défaut », notre cerveau flâne, il vagabonde, il est attiré par ce qui nous entoure. Nous passons d'un sujet à l'autre en enchaînant les idées. Nous avons du mal à rester concentrés.

En réalité, notre attention oscille entre deux envies : d'un côté, l'esprit veut vagabonder et observer l'environnement ; de l'autre, il voudrait rester fixé sur une tâche. Mais notre cerveau ne peut pas tout appréhender, il est obligé de faire un choix. Alors, il choisit soit de se laisser distraire, soit de rester présent et concentré sur cette fameuse tâche.

Être attiré par les stimulations extérieures, rien n'est plus humain ! C'est ce qui nous a permis de repérer le danger pour assurer l'évolution de l'espèce. Nous possédons un merveilleux « système d'alarme ».

Parallèlement à ce goût pour traquer tout danger, notre cerveau aime aussi la nouveauté. En effet, ce qui est nouveau est d'abord traité comme un danger. L'inédit attise donc notre curiosité. Instinctivement, nous partons à la recherche de nouveautés – ce qui nous met en difficulté si l'on tient à rester focalisé. La nouveauté est source de plaisir, ne serait-ce que pour vérifier qu'il n'y a pas de danger. Cette attraction très puissante est à l'origine de notre distractibilité et nous éloigne de la tâche.

## L'attention, qu'est-ce que c'est ?

Pour le psychologue américain William James[1], l'attention est « la prise de possession par l'esprit, sous forme claire et vive, d'un objet ou d'une suite de pensées parmi plusieurs qui semblent possibles. Elle implique le retrait de certains objets afin de traiter plus efficacement les autres ».

Nos capacités sont limitées en ressources cognitives, notre système de traitement de l'information est contingenté. Même si nous sommes dotés d'un quotient intellectuel très supérieur à la moyenne, notre espace psychique a ses limites. La quantité d'informations que nous pouvons traiter est définie, ce qui restreint nos capacités d'attention. Nous avons parfois l'impression de penser à plusieurs choses en même temps mais c'est une illusion. Nous pensons alors distraitement.

Parce que nous ne pouvons pas faire attention à tout, au même moment, nous devons opérer un tri. Pour cela, il existe deux mécanismes.

- **L'inhibition.** Nous choisissons de ne pas retenir certaines informations. C'est, par exemple, le phénomène de « cocktail party ». Malgré le brouhaha ambiant, nous parvenons à suivre une discussion qui nous intéresse. C'est un mouvement de *top-down*.
- **L'activation.** Nous sélectionnons, parmi plusieurs stimulations, l'information que nous jugeons adéquate, pertinente, importante. C'est, par exemple, le cas lorsque, toujours dans notre cocktail, notre nom est prononcé. C'est l'autre mouvement, celui de *bottom-up*.

Afin d'éviter la surcharge cognitive, un filtre distingue les stimuli pertinents de ceux qui ne le sont pas ou moins. Nous

1. *Principles of psychology*, Dover Publications, 2$^{e}$ ed., 1950.

oublions ou ne prenons pas garde à ce dont notre cerveau n'a pas besoin. Ce phénomène de protection nous permet de libérer de la place dans la mémoire !

Lorsque nous concentrons notre attention sur un objet, nous le percevons à l'aide de nos cinq sens, puis le mémorisons et enfin l'interprétons. Mais nous ne voyons pas tous la même chose. Nous ne sommes pas tous « attirés » par les mêmes caractéristiques de l'objet en question. Regardez l'illustration suivante. Que voyez-vous ? Deux visages ou un vase ?

Nous avons l'avantage de posséder un processeur central qui permet à nos capacités cognitives de se focaliser sur une tâche donnée. Ce système peut élaborer une stratégie, la maintenir dans la mémoire de travail et la mener jusqu'au bout. Mais c'est une lutte de chaque instant : nous sommes tiraillés entre l'extérieur qui nous attire et la volonté de rester attentifs.

Notre capacité de contrôle interne est très variable, tandis que les stimulations de notre milieu extérieur sont grandissantes. La stabilité à trouver entre ces deux extrêmes devient notre défi quotidien. Ce qui nous attire n'est pas toujours à fuir, ce qui nous éloigne n'est pas toujours utile. Parfois, nous sommes angoissés à l'idée de rater quelque chose[1]. C'est la raison pour laquelle nous sommes aux aguets de n'importe quelle info.

Plus nous sommes perdus dans le mental, ou occupés distraitement à lire nos courriels, répondre à un texto, regarder une information, surfer sur Internet, ou, plus simplement, attachés à suivre le cours de nos pensées, moins nous pouvons être dans l'ici et maintenant, concentrés et attentifs. Notre cerveau, spontanément attiré par la nouveauté et la curiosité, nous détourne de notre objectif, de la « tâche ». Mais plus nous occupons notre espace psychique par le contrôle de notre attention, moins il y a de place pour les distractions. Reprenons la métaphore de la cible représentant notre espace psychique :

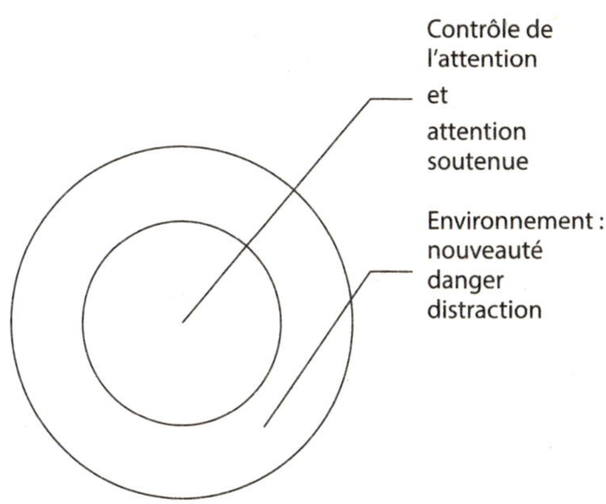


## Trop d'infos tuent l'info

À l'ère numérique, notre cerveau est constamment sollicité. Un nouveau courriel, une publicité, un texto, une mise à jour, un nouveau statut ou un nouveau post sur les réseaux sociaux, une notification push, une info inédite… les voleurs d'attention, à l'aide de petits ou grands écrans, se sont invités dans nos vies.

1. Ce phénomène a été décrit comme une forme d'anxiété sociale : FOMO (*Fear of missing out*), et étudié notamment par E. C. Smith « Fear of missing out, a tribute to Zach Orman », *Wilderness & Environmental Medicine*, n° 4, 2013.

Nous sommes devenus des toxicomanes de l'information. Une « nouvelle », bonne ou mauvaise, nous stimule. Tel le petit animal de laboratoire qui, cherchant une récompense, appuie sur la pédale pour l'obtenir, nous appuyons sur notre clavier pour obtenir une nouvelle info.

Nous sommes des individus surinformés. Or, ces informations sont trompeuses, anxiogènes, et n'offrent qu'une image déformée du monde réel. Le journal nous explique ce qui va mal, les catastrophes, les drames, les tempêtes, et nous laisse dans une vigilance négative. Et puis, il nous livre des infos qui n'ont aucune incidence sur notre quotidien. Sincèrement, qu'avez-vous appris ces derniers jours qui vous ait aidé à prendre une décision importante, par exemple ? Mais voilà, nous sommes accros. Cette douce dépendance engendre une angoisse : celle de passer à côté d'une info, de rater quelque chose.

Enfin, nous commettons des erreurs cognitives à cause de ce qu'on appelle un « biais de confirmation ». De quoi s'agit-il ? Nous sélectionnons toujours les mêmes sources d'informations, lesquelles ont plus ou moins la même opinion. Elles vont donc toutes dans le même sens, se « confirment » les unes les autres. Pour bien faire, il faudrait varier les plaisirs et lire *Les Échos*, *Le Figaro*, *Libé*, « Boulevard Voltaire », « Médiapart » et les *Inrocks* !

## L'addiction au numérique

Textos, courriels, réseaux sociaux… Nous sommes devenus addicts au numérique[1] ! Dans une journée type, nous recevons environ 110 messages, vérifions 34 fois nos Smartphone, allons 5 fois sur Facebook, passons environ une demi-heure à « liker » ce que nos amis ont publié. Nos Smartphone sont plus *smart* (intelligents) que *phone* (téléphone). Pour chaque heure passée à parler au téléphone, nous en passons cinq à

1. Alex S. Pang, *The Distraction Addiction…*, Little Brown and co, 2013.

surfer sur Internet. Des chercheurs[1] ont mis en évidence notre consommation de numérique : nous passons 60 heures par mois en ligne, ce qui fait 720 heures par an, l'équivalent de 90 journées de 8 heures. Et 60 % des ménages américains ont au moins trois appareils connectés à Internet.

Mais le plus étonnant est ceci : nous perdrions 43 minutes[2] chaque jour devant nos ordinateurs entre le démarrage, l'installation des mises à jour, la connexion à Internet, l'ouverture des fichiers et le branchement de l'imprimante. Le plus troublant reste à venir : la majorité des employés, quels qu'ils soient, ne disposeraient, au cours d'une journée de travail et en moyenne, que de 3 à 15 minutes sans aucune interruption. Ensuite, ils sont interrompus, doivent gérer ces distracteurs ou distractions et, à nouveau, se reconcentrer.

Puisque la nouveauté est une sorte de stress qui nécessite une fonction d'adaptation, il apparaît que nous lisons nos courriels… en apnée. C'est Linda Stone, écrivaine et consultante américaine, ancienne cadre chez Apple et Microsoft, qui a décrit la première ce phénomène[3]. Elle a observé en effet qu'elle retenait son souffle chaque fois qu'elle ouvrait sa boîte et consultait ses courriers électroniques. Sa respiration était différente, plus courte, comme face à un stress, lorsqu'elle évaluait ses messages : lequel est urgent, lequel peut attendre ou doit être supprimé.

Intriguée, elle a cherché à en savoir plus sur cette drôle d'apnée et observé ses proches. À la maison, au bureau, au café, eux aussi respiraient superficiellement. Linda Stone remarqua que le même phénomène se produisait avec le téléphone mobile : une respiration plus rapide, concentrée sur le haut du thorax – notons ici que la position assise n'est pas propice à une respiration profonde ! Elle s'est interrogée : quel impact sur notre santé ?

1. Nielsen et le Centre de recherches de Pew.

2. Patrick Darling, « Stressed by technology ? You're not alone », *Intel Newsroom* (19 août 2010).

3. Pour plus d'informations, voir le site : www.lindastone.net

Des chercheurs[1] américains ont apporté la réponse : le fait de retenir son souffle et l'hyperventilation font partie des signes physiques du stress. Le système nerveux autonome, qui commande un certain nombre de nos fonctions (digestion, respiration, circulation et stress), est réparti entre deux axes : le système sympathique, lié à la situation de lutte devant un danger, déclenche une respiration haute et accélérée ; le système parasympathique, quant à lui, est stimulé par une respiration ample et abdominale, il permet de ralentir la fréquence cardiaque et envoie un signal de repos et de détente au cerveau.

Pour Linda Stone, une évidence s'impose alors : quelques minutes de respiration ample chaque jour sont essentielles. Elle avance le concept de « l'attention partielle continue[2] » pour décrire l'état attentionnel particulier dans lequel nous sommes en travaillant.

Le débat reste ouvert pour savoir si l'addiction au numérique doit être considérée comme une pathologie médicale ou non. En 2010 et 2011, l'Université du Maryland a conduit plusieurs études sur le sujet. Dans l'une d'elles, il est demandé à des étudiants de dix pays différents de rester hors ligne et loin de tout média pendant 24 heures. Après s'être séparés de leur téléphone, certains ressentent comme un manque. L'un des participants porte sa main à la poche une trentaine de fois pour « vérifier ». Plusieurs autres décrivent une sensation de sevrage. Comme si le téléphone faisait partie de leur anatomie !

Une autre étude, menée à Boston sur le personnel médical, décrit un étrange phénomène : le « fantôme du Smartphone sur vibreur[3] » et une « anxiété de la sonnerie[4] ». Les participants

1. M. Chesney, D. Anderson, J. D. Mc Neely, B. G. Windham, « Breathing variability at rest is positively associated with 24-h blood pressure level », *American Journal of Hypertension*, n° 12, 2008.

2. *Continuous partial attention*

3. *Phantom cell-phone vibration*

4. *Ringxiety*

ont l'impression que le téléphone vibre dans leur poche alors que rien ne se passe ou presque. Le moindre effleurement de leur vêtement sur la peau suffit à engendrer cette impression « fantôme »…

Cet outil est devenu un prolongement de nous-mêmes. Comme nous nous déplaçons d'un endroit à un autre avec une voiture, les caractéristiques du véhicule nous intéressent mais la machine disparaît derrière la fonction. Un aveugle connaît le poids, la longueur, la rigidité et la texture de sa canne lorsqu'il est assis et qu'il la tient dans ses mains. Dès qu'il est debout et qu'il l'utilise pour se déplacer, ces caractéristiques-là s'évanouissent. Son esprit se focalise sur l'information que sa canne lui donne en interaction avec l'environnement. Il la traite comme une extension de la main et « sent » la route, comme s'il la touchait pour de vrai[1]. L'ordinateur ou le Smartphone seraient-ils devenus notre canne blanche ?

### Pour se libérer du numérique

Quelques trucs et astuces pour éviter l'addiction au numérique[2] :

- Respirez profondément lorsque vous ouvrez un courriel ; alors que vous vous apprêtez à le lire, ne choisissez ni la lutte ni la fuite.
- Lorsque vous posez votre téléphone sur une table, faites en sorte que l'écran ne soit pas tourné vers vous. Ce que vous ne voyez pas (messages, notifications, etc.) ne vous distrait pas !
- Installez des logiciels d'autodiscipline. Freedom bloque votre accès à Internet pendant 8 heures, WriteRoom ou DarkRoom sont des programmes de traitement de texte avec des interfaces simplifiées pour vous aider à vous concentrer. D'autres logiciels vous aident à supprimer les publicités, l'accès aux jeux en ligne ou aux réseaux sociaux, les mises à jour, les informations en temps réel (HazeOver, Chrome Nanny…).
- Ne faites rien pendant 2 minutes. Écoutez le bruit des vagues sur le site Web : www.donothingfor2minutes.com

1. Voir à ce sujet Alex S. Pang, déjà cité.
2. Voir aussi le site www.contemplativecomputing.org

- Purgez votre messagerie électronique des abonnements aux newsletters, listes d'adhésion, etc. 99 % des courriels sont inutiles ou peuvent attendre.
- Évitez de les regarder toute la journée. Réservez une plage horaire le matin et le soir pour consulter votre messagerie.
- Ralentissez le rythme, soyez attentif, cessez de faire plusieurs choses à la fois. L'efficacité multitâche est un mythe. Vous perdez du temps à passer d'une activité à l'autre puisque vous changez de rythme.
- Privilégiez les cafés et les restaurants sans Wi-Fi gratuite.
- Prenez du recul : ce n'est pas parce que vous lisez quelque chose en ligne que vous devez y répondre ou le commenter.
- Arrêtez de regarder votre Smartphone de façon compulsive, chaque fois que vous êtes à un feu rouge ou faites la queue dans un magasin. Pour déjouer cette tentation, rangez votre téléphone au fond de votre sac.
- Prenez un « congé numérique » chaque semaine : désactivez tous vos écrans d'un coucher du soleil à l'autre. Vous allez survivre à 24 heures hors ligne.
- Sur Facebook ou Twitter, ne partagez pas tout et n'importe quoi. Soyez sûr que votre publication, participation ou intervention, a du sens. Interrogez-vous : serez-vous toujours d'accord avec celle-là dans un ou dix ans ?
- Court-circuitez les longs enchaînements de courriers électroniques. Sortez de votre bureau, faites quelques pas et parlez avec votre collègue de vive voix.
- Soyez en pleine conscience devant l'écran ! Le moine bouddhiste Damchoe Wangmo conseille de s'interroger sur sa motivation avant chaque action en ligne : « Si vous constatez que vous êtes conduit par des émotions telles que la colère, la jalousie ou la peur, arrêtez-vous ! » N'oubliez pas : de l'autre côté de l'écran de votre ordinateur, il y a d'autres personnes...
- Offrez-vous, dans le monde réel, de vrais moments de récupération.

## L'économie de l'attention

L'économie de l'attention a été popularisée par la vive controverse suscitée par les propos de Patrick Le Lay, alors P-DG de TF1 : « Ce que nous vendons à Coca-Cola, c'est du temps de cerveau humain disponible. » L'attention devient une denrée rare, celle des consommateurs comme celle des salariés.

Herbert Simon[1], économiste et sociologue américain, en a dégagé le modèle : « Dans un monde riche en informations, l'abondance d'informations entraîne la pénurie d'une autre ressource : la rareté devient ce qui est consommé par l'information. Ce que l'information consomme est assez évident : c'est l'attention de ses receveurs. Donc, une abondance d'informations crée une rareté d'attention et le besoin de répartir efficacement cette attention parmi la surabondance des sources d'informations qui peuvent la consommer. »

Les capteurs d'attention sont omniprésents et entraînent une baisse de l'efficacité tant personnelle que professionnelle. Ces kidnappeurs de l'attention peuvent nous distraire de manière partielle ou totale :

- l'interruption est totale, comme lorsque nous répondons à un appel téléphonique pendant une réunion ; nous sommes obligés de cesser notre activité ;
- l'interruption est dominante, comme lorsque nous changeons de page Internet ;
- l'interruption est partielle lorsque de petites distractions nous perturbent, comme un texto ou le bruit de fond auquel nous devons nous habituer pour nous concentrer.

À force d'être constamment stimulés, sollicités, distraits, nos cerveaux ne fonctionnent plus de façon pertinente. Certes, nous ne sommes pas tous victimes du « déficit de l'attention », qui est un trouble d'origine neurologique. Mais nous sommes tous en déficit d'attention.

1. H. A. Simon, « Designing Organizations for an Information-Rich World », *in* Martin Greenberger, *Computers, Communication, and the Public Interest*, Baltimore, MD, The Johns Hopkins Press, 1971.

### Fondamental : Repérer le mode par défaut, le vagabondage intellectuel

L'objectif ici est de comprendre que, bien souvent, notre esprit vagabonde. Nous ne sommes pas là, psychiquement, occupés à deux choses en même temps, prisonniers de nos préoccupations. Nous pouvons avoir une activité sans être à ce que nous faisons. De la même manière, nous pouvons ne pas être réellement « là », un peu dans la lune ; sans en avoir conscience, nous sommes à « des années-lumière » du moment présent, complètement « ailleurs ». Nous nous absentons de nous-mêmes comme un bateau en pilotage automatique.

Si nous ne sommes pas attentifs aux événements, à ce qui se passe autour de nous, nos pensées, nos émotions et nos sensations corporelles donnent naissance à de mauvaises habitudes cognitives, inutiles et toxiques. En revanche, en devenant conscients de nos pensées, de nos émotions et de nos sensations corporelles, instant après instant, nous gagnons en liberté et en libre arbitre : nous ne sommes pas obligés de nous laisser entraîner dans les mêmes « autoroutes mentales », nous pouvons choisir de changer de voie, répondre aux situations plutôt que réagir automatiquement.

## Exercice
## Le « body scan »

1

**25 minutes**

✓ Pour le pratiquer, vous pouvez soit vous allonger sur le dos, soit vous asseoir.

✓ Il n'y a pas de règle. La position qui est la plus confortable pour vous sera la bonne.

✓ Commencez par prendre le temps de réajuster votre posture pour ne pas avoir mal.

✓ Prenez le temps de repérer les points de contact de votre corps avec le support.

✓ Votre respiration soulève votre thorax, de sorte que l'expiration va stabiliser votre posture.

✓ Vous allez porter votre attention sur les différentes parties de votre corps. Suivez l'ordre qui vous convient, des extrémités vers le buste.

✓ Remontez progressivement des doigts vers l'épaule ou des orteils vers la hanche, de chaque côté, en prenant le temps de vous concentrer sur les différentes parties. Attendez une dizaine de secondes à chaque endroit, pour bien ressentir les sensations corporelles, la position de votre membre ou de la partie concernée, les points de contact avec le tissu de vos vêtements.

✓ L'intérêt de l'exercice n'est pas de se sentir bien, mais de voir comment l'esprit se balade, vagabonde. S'exercer à suivre les différentes parties du corps sert d'entraînement pour le faire revenir « là-tout de suite-maintenant ».

✓ Constater que vous avez pensé à autre chose est normal. Pratiquer vous aidera à revenir encore et encore sur les différentes parties du corps pour sortir du mental, pour revenir dans le présent et soutenir votre attention.

★ Yasmine trouve l'expérience horrible, elle a mal au dos et, surtout, elle s'ennuie. Elle pense qu'elle a mieux à faire. Elle a beaucoup trop de travail cette semaine. Elle se demande déjà si la méditation c'est fait pour elle. Elle est gênée par l'expérience, elle a peur de perdre du temps. Yasmine ne se détend pas du tout, pas cette fois. Le body scan ne va pas assez vite pour elle. Quelle personne va-t-elle devenir avec ce vide devant elle ?

Et vous ? Quelle a été votre expérience ?

.................................................................................................

.................................................................................................

Porter notre attention sur les différentes parties du corps est simple mais… difficile. L'intérêt de cet exercice est d'apprendre à focaliser notre attention pour reprendre contact avec notre enveloppe. C'est une reconnexion du corps et de l'esprit. Nous n'avons pas l'habitude de prêter attention à nos bras, nos jambes, nos extrémités. Nous vivons dans la tête, et c'est dommage.

Sachez qu'il n'y a pas de bonne ou de mauvaise manière de pratiquer le body scan. Il n'y a pas de but, seulement un entraînement. La question n'est pas d'appuyer sur le bouton « off » des pensées mais d'apprendre à les observer. Ce n'est pas un moment de relaxation mais une méthode pour entraîner l'attention. Il suffit juste de s'entraîner.

La pratique du body scan suscite dans les groupes beaucoup de commentaires, d'ennui, de douleurs, de vagabondage de l'esprit, d'endormissement. Peu à peu, les personnes s'habituent. Quand tout se passe bien, l'exercice peut être reproduit facilement. Nombreux sont ainsi ceux qui installent un enregistrement sur un baladeur ou sur leur téléphone et font les exercices dans les transports, au bureau ou à l'heure du déjeuner.

## Pour mieux se connaître

Tenez un journal de bord du côté positif. Ce calendrier des événements agréables va vous apprendre à mieux vous centrer sur le moment présent.

| **Événement** | **Pensées** | **Émotions** | **Sensations** | **Conscience de ce qui a été agréable** |
|---|---|---|---|---|
| | | | | |
| | | | | |
| | | | | |
| | | | | |
| | | | | |
| | | | | |
| | | | | |

## EXERCICE
## Le grain de raisin sec

🕒 **10-15 minutes**

✓ Cette expérience a pour intérêt de modifier l'expérience, de s'entraîner à faire différemment. Aussi saugrenu que cela puisse paraître, ce premier exercice en pleine conscience est très représentatif de l'objectif de la méditation. Nous allons « découper » les événements du quotidien, en portant notre attention sur nos pensées, nos émotions et nos sensations corporelles.

✓ La pleine conscience change l'art et la manière. Nous voulons redevenir ingénus, curieux de ce qui se passe, comme si nous le vivions pour la première fois. Un peu comme si nous cherchions à devenir spectateurs de l'expérience. Admettons que nous faisons les choses machinalement, sans y penser. Avec la pleine conscience, essayons de les vivre, instant après instant.

✓ Comme l'avait aussi un peu différemment décrit le Dr Vittoz[1], développer sa réceptivité c'est mettre au repos le cerveau cognitif. Cet exercice va amener à la conscience les sensations de la vue, de l'odorat, de l'ouïe, du toucher et toutes celles intérieures.

✓ Prenez un grain de raisin sec ou un physalis sec ou même une tomate-cerise. Asseyez-vous. Regardez cet « objet » comme si c'était la première fois : vous arrivez d'une autre planète et vous n'en avez jamais vu. Vous allez maintenant l'explorer avec vos cinq sens. Puis vous le porterez à votre bouche. De la même manière, vous allez prendre le temps d'observer les sensations corporelles, la salivation, la mastication, le déclenchement de la déglutition.

★ Anne-Sophie commence par se renfrogner intérieurement. Que fait-elle là ? Elle doit être sérieusement atteinte pour être obligée de manger un grain de raisin au milieu d'un groupe d'inconnus ! Ses enfants l'attendent à la maison, elle a du travail à terminer après la séance. Puis elle entre dans l'exercice : elle observe son esprit

1. A. Junod, *Obsession, neurasthénie. Les vibrations cérébrales – La méthode Vittoz*, 1940.

vagabonder, juger... Elle pense qu'elle n'a jamais mangé aussi lentement. D'habitude, elle prend une poignée de raisins, sans faire attention. La salivation la surprend. La première pression des molaires sur le fruit aussi : comme c'est acide ! Elle n'avait jamais remarqué... Puis, en mâchant, les arômes se répandent dans la bouche. C'est drôle, la peau reste en dernier alors que la pulpe se met à fondre rapidement... Pour la première fois, Anne-Sophie observe la manière dont elle déglutit ! Un appui de ses dents est nécessaire pour que les muscles de la langue et de la gorge puissent se mettre en mouvement. Tout est différent dans cet exercice...

Et vous ? Quelle a été votre expérience ?

..................................................................................

..................................................................................

→ *L'apport de la pleine conscience*

Souvenez-vous, la méditation repose sur deux mouvements :

- la flexibilité mentale, pour revenir à l'instant présent, pour décrocher des pensées polluantes, grâce à l'attention portée à la respiration ; dans le mouvement *top-down*, nous décidons activement d'être dans l'ici et maintenant ;
- l'attention soutenue, ou contrôle cognitif, pour détecter notre esprit vagabond ; dans le mouvement *bottom-up*, nous décidons d'être sans jugement, c'est-à-dire de ne pas succomber aux distracteurs.

La pratique de la pleine conscience nous entraîne, nous fait travailler ces deux mouvements, elle les « muscle ». D'ailleurs, l'attention peut être comparée à un muscle : comme un biceps, elle peut être entraînée mais aussi être fatiguée. Les principaux signes de cette fatigue sont la distraction et la baisse d'efficacité. Ces manifestations indiquent un épuisement de l'énergie nécessaire au fonctionnement mental.

La méditation est un entraînement à être attentif. C'est un exercice attentionnel qui augmente, dans le cerveau, les zones correspondant à cette fonction. Il est établi que la méditation nous rend moins distraits. Nous résistons davantage à la tentation d'être attirés par telle info, telle nouvelle, telle distraction.

L'effet Stroop désigne notre difficulté à ignorer une information non pertinente. L'un de ses meilleurs exemples est un test très amusant[1]. Faites-le ! La consigne est d'identifier la couleur de mots écrits dans différentes couleurs. Mais l'interférence produite par une tâche non pertinente, c'est-à-dire le mot écrit, vient perturber l'exercice de reconnaissance de la couleur. Pour y parvenir, il faut réprimer notre réaction primaire, notre désir de lire le mot. Seriez-vous surpris d'apprendre que les méditants réussissent mieux à contrôler ce réflexe de lecture ?

La méditation permet vraiment d'améliorer nos capacités attentionnelles, malgré nos trop nombreuses distractions. En nous donnant une meilleure conscience de nous-mêmes, elle est l'occasion de nous recentrer. La pratique de la méditation permet d'entraîner le contrôle de l'attention. En apprenant à rediriger celle-ci dans l'instant présent, nous pouvons plus ou moins la focaliser sur commande. Une bataille se livre entre elle et la distraction. Plus vous vous surprenez à vagabonder mentalement, plus vous redirigez votre attention sur la respiration, plus votre muscle de l'attention se renforce. Tel un biceps !

**Pour affûter son attention**

Quelques idées pour muscler votre attention[2] :

- Entraînez votre muscle de l'attention en programmant une session journalière de pleine conscience. C'est l'équivalent mental de votre séance de sport !
- Quand vous vous surprenez en train de faire autre chose que ce que vous êtes censé faire, recentrez-vous. Faites comme si vous appuyez sur le bouton « RESET ».

1. Vous trouverez des images de Stroop en couleur sur Internet à l'aide de n'importe quel moteur de recherche.

2. Voir aussi l'ouvrage de D. Goleman, *Focus*..., Robert Laffont, 2014.

- Interrogez-vous : « Comment je me sens, là-tout de suite-maintenant ? » Concentrez-vous sur vos pensées, vos émotions et vos sensations corporelles.
- Réservez-vous des temps de sommeil, surtout si vous êtes somnolent dans la journée. Peu importe le nombre d'heures, l'essentiel est que vous ne piquiez pas du nez. Faites une sieste de 20 minutes si c'est nécessaire.
- Agissez sur votre stress en optant pour une méthode de relaxation, comme la respiration consciente que vous pouvez utiliser à volonté. Vous ne pouvez pas toujours éliminer le stress, mais vous pouvez l'équilibrer.
- Réglez les paramètres de vos écrans pour canaliser votre attention. Supprimez les sonneries d'alerte, les notifications. Ne répondez pas à tous les appels, à tous vos courriels. Faites le tri, ils ne sont pas tous urgents. Laissez-les pour plus tard.

## À retenir

- Un cerveau attentif est un cerveau qui n'est pas distrait.
- Nous sommes naturellement attirés par l'information et la nouveauté.
- La quantité d'informations que nous pouvons traiter est limitée.
- Muscler notre attention grâce à la pleine conscience nous permettra de moins succomber aux distracteurs.

# Équilibrez votre stress

**Vous êtes régulièrement stressé. Le corps et le cœur s'emballent sans que vous parveniez à les calmer. Ce chapitre permet de mieux comprendre le rôle du stress et vous donne la clé de l'apaisement intérieur.**

★ Il y a peu, Renata a perdu ses parents à deux ans d'intervalle. Responsable éditoriale dans une maison d'édition, elle a beaucoup de mal à gérer son stress au travail. Peu diplômée, elle a gravi les échelons au cours de sa carrière et, aujourd'hui, des responsabilités de plus en plus importantes lui sont données. Elle s'occupe de livres scolaires et doit coordonner les programmes avec le ministère de l'Éducation nationale, suivre les commandes, l'imprimerie, les livraisons. Une de ses collègues ayant été opérée d'un cancer, elle assure aussi une partie de ses fonctions. Elle travaille assez loin de chez elle et passe près d'une heure dans les transports, matin et soir. Depuis vingt-cinq ans dans cette maison d'édition, Renata et son mari n'ont jamais pensé à déménager : lui travaille près de leur domicile. Leur fille de 21 ans est en train de terminer ses études. Elle a rencontré, lors d'un stage en Floride, un jeune Américain. Ce garçon est venu séjourner chez eux, mais aujourd'hui, Lucie souhaite aller rejoindre Steve, chez lui dans sa famille. Au même moment, la maison d'édition doit déménager, les affaires vont mal, il doit y avoir une fusion avec un concurrent. Renata doit bien sûr anticiper ce rachat pour elle et son équipe : son calendrier est précis, elle fait face à des contraintes temporelles mais aussi humaines parce que, pour des raisons de compression de personnel, tout le monde ne sera pas repris dans la nouvelle structure. Sa hiérarchie la sollicite beaucoup. Pour ne rien arranger, les services sociaux viennent d'appeler Renata : l'une de ses tantes, une dame âgée qui n'a plus de famille, va être placée en maison de retraite. Renata va devoir s'occuper de vider le pavillon de cette parente, en banlieue, ce qui ne l'enchante pas. Elle commence à moins bien dormir la nuit, se réveille régulièrement à 4 heures du matin. Très préoccupée par plusieurs choses à la fois, elle fait des erreurs d'inattention, devient irascible, perd patience. Elle ne se reconnaît plus. Elle décide de prendre soin d'elle et choisit la méditation. Elle ne peut pas grand-chose aux événements de vie, mais elle préfère apprendre à y répondre plutôt qu'être en réaction.

## Le stress, qu'est-ce que c'est ?

Le stress c'est comme un verre d'eau qu'il faut tenir dans sa main. Au début, il n'est pas très lourd. Après un quart d'heure, nous avons déjà envie de le poser. Au bout d'une heure, c'est une torture…

Plus sérieusement, le stress est issu d'un terme anglais du XIII^e^ siècle, *distress* (affliction), emprunté au vieux français *destrece* ou *estrece* (étroitesse, oppression), lui-même dérivé du latin *stringere* (serrer)[1]. Le stress provient du déséquilibre qui peut surgir devant une menace. Le cerveau, notre appareil psychique, évalue alors deux informations : qu'est-ce qui me menace, et quelle est ma capacité à faire face.

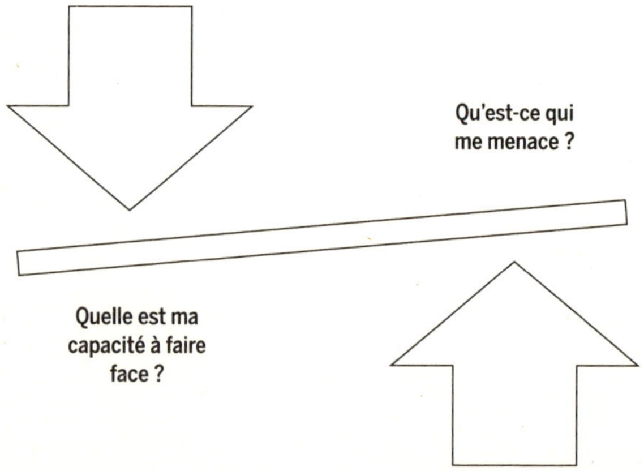


1. Alain Rey (dir.), *Dictionnaire historique de la langue française*, Le Robert, 2007.

Nous évaluons une menace selon ce que nous avons déjà appris et vécu. De même, notre cerveau juge de notre capacité à y faire face, en puisant dans nos ressources, notre passé. Cette évaluation se fait parfois en dehors de notre champ de conscience. Notre cerveau archaïque, le cerveau reptilien, choisit alors pour nous. C'est la raison pour laquelle nous avons des réactions démesurées : « C'est plus fort que moi ! » Il faut dire que notre capital génétique est identique à celui de l'homme des cavernes. Dans la lutte pour sa survie, au paléolithique, le chasseur-cueilleur devait faire face aux menaces quotidiennes pour garantir sa survie : il devait se nourrir et se protéger contre les prédateurs. Notre cerveau n'a pas changé depuis 200 000 ans, mais notre mode de vie, si !

## Hans Selye décrit le stress

Hans Selye (1907-1982) est un médecin biologiste endocrinologue. Né en Hongrie, il étudie à Prague, puis à Vienne et au Canada, se consacrant d'abord aux hormones stéroïdes, avant de travailler sur les hormones cortico-surrénaliennes, déclenchées lors des réactions de l'organisme aux agressions. Fondateur de l'Institut international du stress (IIS), il a décrit le « syndrome général d'adaptation » (SGA).

De quoi s'agit-il ? « C'est l'ensemble des moyens physiologiques et psychologiques mis en œuvre par une personne pour s'adapter à un événement donné. Le changement brutal survenant dans les habitudes de cette personne, jusque-là bien équilibrée, étant susceptible de déclencher un bouleversement dans sa structure psychique et même somatique. »

Par ses travaux, il a pu mettre en évidence que, s'il existe parfois une réponse spécifique de l'organisme – par exemple, le froid fait frissonner, la chaleur fait transpirer –, dans d'autres circonstances, l'organisme a une réaction physiologique non spécifique qui lui permet de faire face et de s'adapter à toute situation nouvelle créée par ce fameux syndrome général d'adaptation. Un « syndrome » qu'il a appelé quelques années plus tard « stress ».

Pour Selye, ce mécanisme de mise en alerte est indispensable. Toutefois, si la capacité de réponse se déséquilibre, les conséquences sur le long terme sont nuisibles. Dans l'un de ses ouvrages[1], il élargit sa théorie en l'appliquant notamment aux pathologies de l'adaptation à la vie moderne, aux accidents cardiaques, au vieillissement prématuré. Il met en évidence les problèmes que posent nos sociétés industrialisées : les êtres vivants ne peuvent pas tolérer toutes ces contraintes, toutes ces nuisances…

Une variété de stress, tels les troubles émotionnels, l'exposition à des températures extrêmes et l'anoxie (le manque d'oxygène), déclenche des réactions de défense de l'organisme, lesquelles affectent la pression artérielle, la température corporelle, le niveau de sucre dans le sang, la coagulation du sang, la pression osmotique et l'hydratation des tissus.

**Pour mieux se connaître :**
**Quels sont vos facteurs de stress ?**

Avant de poursuivre, prenez quelques instants pour réfléchir. Qu'est-ce qui vous stresse ?

Voici une liste de plusieurs facteurs possibles. Sachez qu'ils ne sont mentionnés dans aucun ordre particulier. Certains sont liés à des événements, d'autres à des sentiments ou à des émotions, des situations… Entourez ceux qui résonnent pour vous – vous pouvez aussi ajouter ceux qui manquent à cette liste :

- des problèmes de santé
- un divorce
- une charge de travail accrue
- l'intimidation, le harcèlement

1. *The Stress of life*, McGraw-Hill, 2 ed., 1978.

- la fatigue
- des difficultés relationnelles
- l'accompagnement d'un proche malade
- la colère
- les ruminations
- le sevrage aux addictions et aux prises de toxiques
- le chômage
- une mauvaise image du corps
- des difficultés éducatives
- un deuil
- un déménagement
- des difficultés financières
- l'autodépréciation
- des pensées automatiques négatives
- une humeur triste
- des problèmes de sommeil
- la peur de l'avenir
- des flash-backs et souvenirs effrayants intrusifs
- la boulimie
- des problèmes de poids
- la vie avec une personne ayant des problèmes de santé mentale
- des difficultés au travail

Ce petit bilan vous permettra de mieux vous connaître.

## Les trois phases du stress

Lors d'un stress prolongé et sévère, il y a trois phases : le choc, l'adaptation et l'épuisement.

Le modèle de Hans Selye regroupe des signes non spécifiques et généraux face à une agression. Bien entendu, chaque réaction est individuelle puisqu'elle repose aussi sur le vécu affectif et émotionnel de chaque individu. Ce qui veut dire que nous ne sommes pas tous égaux face à une menace et que nous y réagissons différemment. Nos réactions peuvent être plus ou moins fortes.

**La phase de choc,** ou réaction d'alarme, survient dès le début de l'agression. Notre réaction est indépendante de notre volonté. Elle implique le cerveau limbique et l'amygdale, dans l'hypothalamus, qui active le système nerveux et le système hormonal. Les réactions hormonales sont maximales. Cette phase peut déclencher des émotions fortes comme la peur, la tristesse ou la colère qui sont liées à la perte. Cette toute première phase, plus ou moins brève, provoque une sidération (*freeze*) : la tension artérielle peut baisser et nous avons l'impression de perdre nos moyens, de ne plus pouvoir bouger, telle une biche prise dans les phares d'une voiture. Elle est commune aux mammifères. Chez la gazelle poursuivie par le lion, l'intensité de cette phase de choc peut même déclencher une perte de connaissance. Les autres possibilités de réactions sont le combat ou la fuite (*fight or fly*). Ensuite, la réaction physiologique déclenche un flux sanguin massif vers le haut du corps (*flush*). L'accélération cardiaque et la tension artérielle sont notoires. Les alvéoles des poumons se dilatent, permettant une respiration plus efficace. Le sucre est libéré pour fournir de l'énergie. La dilatation des pupilles est utile pour bien voir, les mains moites contribuent à attraper la bonne liane ou à ne pas lâcher son arme. Les poils se hérissent comme des antennes et des indicateurs de vibrations. Les mâchoires se contractent pour mordre ou appeler à l'aide. Les autres fonctions sont mises de côté. Quand il faut combattre, ce n'est pas le moment de digérer ! La production de la salive est moindre et la gorge devient sèche. Toute la digestion est perturbée, parfois accélérée. Comme le flux sanguin se concentre dans le haut du corps, des « papillons dans le ventre » peuvent surgir, provoquant nausées ou douleurs. Durant cette première période, qui peut durer quelques heures, les hormones du stress, cortisol et adrénaline, sont libérées en grande quantité.

**La phase de résistance** est celle de l'adaptation. Le stress est prolongé, il devient chronique. L'organisme réagit en puisant dans ses ressources et tente de compenser les pertes en énergie par d'autres circuits hormonaux. Cela permet d'affronter le stress pour éviter l'épuisement. Cette deuxième phase est décisive pour mobiliser la capacité de l'organisme à résister. Les ressources mises en œuvre peuvent aboutir à un relâchement. Peu à peu, les mécanismes de défense peuvent se fatiguer. Il y a une détérioration physiologique qui aboutit à un épuisement. Biologiquement, l'organisme se met comme en « surrégime ». Cette résistance donne l'illusion d'être en pleine forme alors que les phases de récupération, si elles sont négligées, ne vont pas permettre de restauration. Il y a mise à mal du système cardio-vasculaire et du système immunitaire. Ce surrégime, s'il dure trop longtemps, va aboutir à l'épuisement au sens littéral. C'est un peu comme dans une voiture : si on ne prête pas attention aux voyants qui s'allument – les témoins de température, d'huile et d'essence –, la panne arrive.

**La phase d'épuisement,** appelée aussi « phase de décompensation », fait suite aux deux précédentes, de manière systématique, si la durée et l'intensité de l'agression débordent les capacités de ressources psychologiques et biologiques. La phase de résistance dure trop longtemps ou de manière trop intense pour permettre la récupération nécessaire. Peu à peu, les réserves physiques, biologiques et psychiques vont s'amoindrir. L'organisme travaille au-delà de sa limite. Le stade de l'épuisement est atteint lorsque, en présence d'une agression ou d'une demande persistante, l'organisme ne parvient plus à compenser la réaction d'alerte chronique. La situation engendre alors soit des troubles somatiques, soit des pathologies psychiques plus ou moins sévères, soit les deux. La possibilité d'adaptation d'un individu face à un agent agressif, « stressant », n'est pas illimitée.

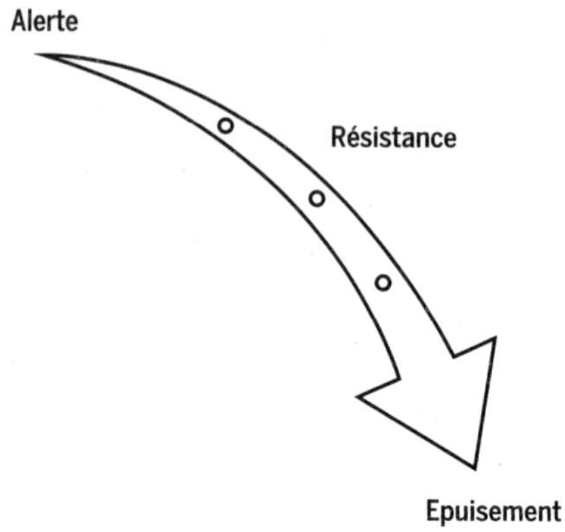


## Les effets du stress sur le corps

Nous ne sommes pas tous égaux : les réactions au stress sont personnelles. Tout d'abord, il convient de rappeler que la résistance à celui-ci dépend en partie de la personnalité. La manière dont chaque personne se sent capable de faire face à une menace varie d'un individu à l'autre : cela dépend de l'éducation, de l'estime de soi, de la confiance en soi, des expériences antérieures. C'est la même chose pour la résistance au stress.

Celui-ci provoque généralement des troubles physiques :

- maux de tête, migraines, douleurs musculaires, lombalgies, vertiges ;
- troubles du sommeil : difficulté d'endormissement, réveils nocturnes, insomnies ;
- troubles du comportement alimentaire : anorexie, boulimie, prise de poids ;
- troubles digestifs : nausées, vomissements, « papillons dans le ventre », diarrhées ;
- troubles cardio-vasculaires : palpitations, tachycardie, hypertension artérielle ;
- troubles de la sexualité : baisse de la libido, impuissance ou éjaculation précoce.

Une détresse psychologique, sous forme d'anxiété chronique, va s'installer. Le fait d'avoir un seul de ces problèmes liés au stress donne un sentiment d'incompétence qui majore la mauvaise estime de soi. Le recours à des toxiques est fréquent, pour supprimer les situations émotionnelles désagréables : tabac, caféine, sucre, chocolat, alcool, drogues...

Le stress rendrait-il malade ? Une équipe de chercheurs[1] a établi un lien entre lui et le développement des maladies auto-immunes. Le système nerveux sympathique, activé devant la menace qui mobilise tout notre organisme pour provoquer une réponse (*fight or fly*), contrôle aussi les cellules régulatrices T dont le rôle est de mettre fin à une réponse immunitaire une fois qu'un agent agressif a été détruit. Selon l'un des auteurs de cette étude, « nous avons montré pour la première fois que le système nerveux contrôle les cellules régulatrices T [...] Il est impératif de se concentrer sur les interactions neuro-immunitaires et de comprendre comment ces deux systèmes différents, les systèmes immunitaire et nerveux, interagissent ». Ces résultats sont encourageants pour le traitement des maladies comme la polyarthrite rhumatoïde, le lupus, etc.

## La réponse au stress

Quelques explications sont préalablement nécessaires. Les systèmes sympathique et parasympathique constituent le système nerveux végétatif autonome, responsable de la régulation des fonctions automatiques internes de l'organisme – la respiration par exemple, la digestion, la transpiration... Ils contrôlent l'activité de plusieurs organes et fonctions.

– La stimulation du **système nerveux sympathique** prépare le corps à l'activité. Devant un danger, il décide de la

1. Robert E. Cone, « The sympathetic nervous system modulates CD4(+) FoxP3(+) regulatory T cells via a TGF-beta-dependent mechanism », *Journal of Leukocyte Biology*, n° 6, déc. 2009.

réponse de fuite ou de combat. Il déclenche la réaction d'alarme. Ce système est associé à l'activité de deux neurotransmetteurs : la noradrénaline et l'adrénaline. Lors de l'activation du système sympathique, le cortisol, l'hormone du stress, est sécrété.

– La stimulation du **système nerveux parasympathique** produit un ralentissement général des fonctions de l'organisme. Le rythme cardiaque et l'activité respiratoire baissent, la tension artérielle diminue et les autres fonctions sont restaurées. Ce système est associé au neurotransmetteur acétylcholine.

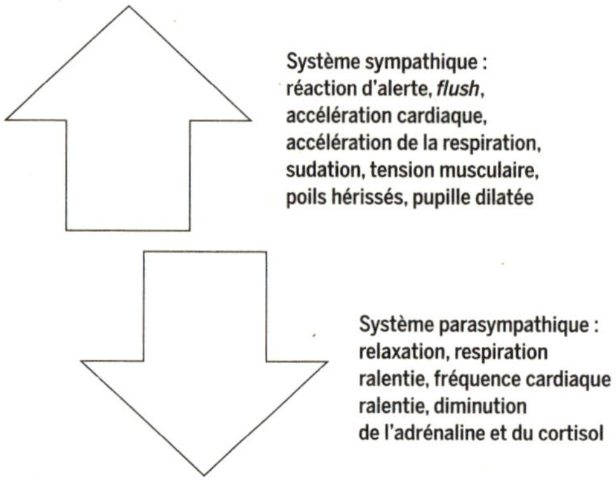


Comment répondre au stress ? Notre réponse face à une menace peut être modifiée ou atténuée par la « réponse de relaxation » décrite dès 1970 par le professeur Herbert Benson, cardiologue, fondateur de l'Institut médical corps/esprit (Mind/Body Medical Institute) de Harvard. Cette « réponse » repose sur la stimulation du système parasympathique. Il s'agit d'encourager le corps à libérer des substances chimiques et à envoyer des signaux au cerveau pour que les muscles se détendent, que les organes ralentissent et que le flux sanguin vers le cerveau augmente. Les avantages scientifiques de cette relaxation sont maintenant largement reconnus. La pratique régulière de la stimulation parasympathique peut être un traitement efficace pour un large éventail de troubles liés au stress.

Benson a démystifié la méditation, la rebaptisant « *relaxation response* ». Le grand public s'est intéressé à ses études qui en établissent les effets bénéfiques : la méditation favorise une meilleure santé, surtout chez les personnes souffrant d'hypertension. Ceux qui méditent régulièrement ont un niveau de stress inférieur à la moyenne, leur bien-être est accru, leur pression artérielle moindre, de même que leur rythme cardiaque au repos.

L'intérêt de la méditation réside essentiellement dans la manière de changer la réaction face à la menace. Plutôt que d'adopter une réponse de lutte ou de fuite (*fight or fly*), elle propose une autre voie. Elle tempère les effets physiologiques du stress et de la réaction de lutte ou de fuite. Elle mène à un état physique de relaxation profonde qui engage l'autre partie de notre système autonome : le système nerveux parasympathique.

## Le bon stress

D'abord, le stress, qui reste une réponse biologique, tend à nous renforcer. C'est donc sa durée qui rend ses effets biologiques délétères. Le stress est un puissant modulateur du cerveau des mammifères. La réponse à l'hormone du stress influence fortement de nombreuses régions du cerveau, en particulier l'hippocampe, une région importante pour la fonction de mémoire. Une équipe de chercheurs[1] de l'Université de Berkeley/Californie a ainsi remarqué chez des rats une amélioration de la mémoire de travail et l'activation de nouveaux neurones. Ces résultats suggèrent qu'un bref stress a un rôle bénéfique au niveau de l'hippocampe : il améliore la capacité d'adaptation du cerveau.

1. E. D. Kirby, S. E. Muroy, W. G. Sun, D. Covarrubias, M. J. Leong, L. A. Barchas, D. Kaufer, « Acute stress enhances adult rat hippocampal neurogenesis and activation of newborn neurons via secreted astrocytic FGF2 », eLife digest, 2013.

## Exercice 2
# La réponse de relaxation

**30 minutes**

✓ Cette technique est celle proposée par Herbert Benson, à l'issue de ses travaux.

✓ Asseyez-vous tranquillement dans une position confortable.

✓ Fermez les yeux.

✓ Tâchez de détendre profondément tous vos muscles. Commencez par vos pieds et progressez jusqu'au visage. Gardez-les détendus.

✓ Respirez par le nez. Prenez conscience de votre respiration. Lorsque vous expirez, dites le mot « un » en silence, en vous-même, et ce à chaque expiration. Respirez naturellement et facilement.

✓ Continuez ainsi pendant 10 à 20 minutes. Vous pouvez ouvrir les yeux pour vérifier l'heure, mais n'utilisez pas d'alarme. Lorsque vous avez terminé, asseyez-vous tranquillement pendant plusieurs minutes, en gardant les yeux fermés, puis, plus tard, ouvrez-les. Ne vous levez pas tout de suite, restez tranquille pendant quelques minutes.

✓ Ne vous préoccupez pas de savoir si vous avez réussi à atteindre un niveau profond de relaxation. Maintenez une attitude passive et permettez à la relaxation de se faire à son propre rythme.

✓ Si des pensées distrayantes apparaissent, essayez de les ignorer, ne vous attardez pas, revenez à votre respiration et répétez « un ».

✓ Avec la pratique, la réponse de relaxation devrait devenir familière, facile. Utilisez cette technique une ou deux fois par jour, mais pas dans les 2 heures qui suivent le repas, car les processus digestifs semblent interférer avec le déclenchement de la réponse de relaxation.

Ensuite, le stress est un moteur. Mihaly Csikszentmihalyi, écrit : « Les meilleurs moments de nos vies ne sont pas dans le passif, le réceptif ou les moments de détente… Les meilleurs moments se produisent généralement lorsque le corps ou l'esprit d'une personne est tendu à ses limites, dans un effort volontaire pour accomplir quelque chose de difficile et intéressant[1]. » Quelque chose d'un peu stressant !

Le chercheur remarque, en effet, que l'individu trouve une réelle satisfaction lorsqu'il est dans un état de conscience appelé « *flow* ». Il est alors complètement absorbé dans une activité qui sollicite en particulier ses capacités créatives. Au cours de cette « expérience optimale », il se sent « fort, alerte, dans un contrôle sans effort, désinvolte et au sommet de ses capacités ». Pour Csikszentmihalyi, le bonheur n'arrive pas simplement. Chacun doit le préparer et le cultiver en se fixant des défis ni trop exigeants, ni trop simples, en phase avec ses capacités. Dans cette configuration, le stress motive. Il y a une « zone optimale », ou « fenêtre optimale de stress », dans laquelle les capacités correspondent aux défis.

Le schéma reproduit page suivante illustre ce qu'est le bon stress. Pas assez de défis, c'est l'ennui ; trop de défis, sans les capacités nécessaires pour les relever, c'est l'angoisse.

1. *Flow : the psychology of optimal experience harper perennil*, Modern Classics, 2008.

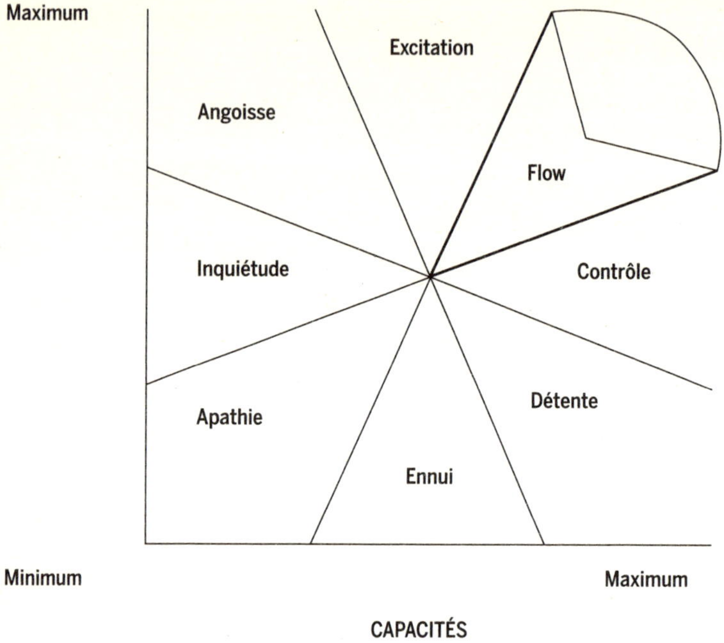


**Pour mieux se connaître :**
**Qui seriez-vous sans votre stress ?**

Ce petit quiz va vous permettre de vous décentrer. C'est une partie importante du début de votre évolution : vous commencez à explorer ce que pourrait être la vie sans votre « stress ».

Lorsque vous répondez aux questions suivantes, rappelez-vous : il est indispensable que vous décriviez votre stress en termes de « pensées-émotions-sensations corporelles » : Que pensez-vous ? Que ressentez-vous ? Qu'éprouvez-vous ? C'est ainsi que vous pourrez examiner la possibilité de changer.

- Pourquoi voulez-vous vivre votre vie sans votre stress ?
- Que pourriez-vous faire de votre vie sans lui ?
- Qui seriez-vous sans lui ?
- Comment saurez-vous que votre stress a disparu ?

- Qu'est-ce qui pourrait arriver dans votre vie après que les facteurs de stress ont disparu ?
- Quelles sont les ressources dont vous disposez déjà pour vous aider à atteindre ce résultat ? Du temps pour vous, par exemple, des amis sur lesquels compter…
- Quels sont les autres moyens dont vous pourriez avoir besoin pour parvenir à ce résultat ?
- Qu'allez-vous faire maintenant pour disposer de ces moyens ?
- Quelles répercussions aurait votre nouvelle sérénité sur votre entourage ?

Préoccupés par nos problèmes d'estime de soi, de culpabilité, de sécurité, d'abandon, d'avenir, d'argent, bref tous nos problèmes à résoudre, nous nous éloignons du présent. Toutes ces préoccupations prennent de la place dans notre esprit, elles « nous prennent la tête » et n'en laissent pas pour autre chose. Reprenons notre cible et notre espace psychique limité.

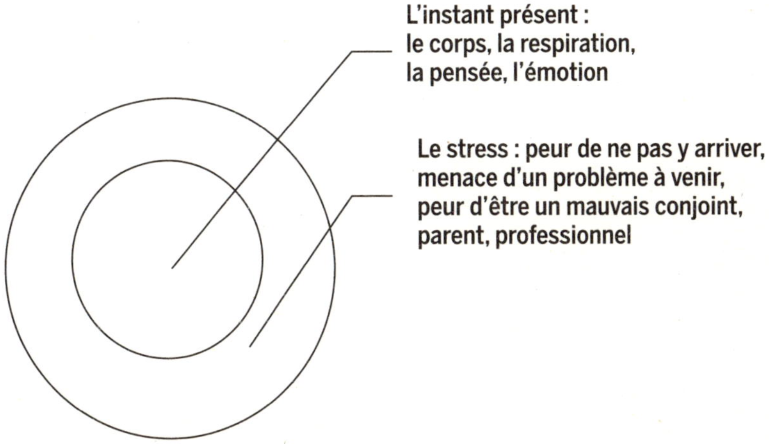

### EXERCICE
### Embellir le quotidien

🕒 **10 minutes**

✓ Quelles sont vos activités lors d'une journée ordinaire ?

✓ Prenez une feuille de papier et notez tout ce que vous faites du lever au coucher, tout au long d'une journée habituelle : le réveil, le petit déjeuner, votre toilette, la préparation des enfants, le départ pour l'école, le transport jusqu'au bureau, la lecture de vos courriels, la première réunion, la pause-café, etc. Listez toutes vos activités, n'en oubliez pas.

✓ Ensuite, inscrivez un « R » devant les activités qui vous ressourcent et un « P » devant celles qui vous « pompent » de l'énergie, qui vous coûtent.

✓ Réfléchissez : Comment diminuer les « P » et augmenter les « R » ? Vous ne pouvez rien sur certains aspects de votre vie, acceptez-le. Mais choisissez de réduire au maximum ce qui vous tire vers le bas.

Et vous ? Quelle a été votre expérience ?

..............................................................................

..............................................................................

**Fondamental : Polariser l'attention sur la respiration**

L'attention à la respiration est un lien fort avec le présent. À tout moment, il est facile de s'y référer pour revenir dans l'ici et maintenant. Tout en prenant conscience de la façon dont l'esprit peut souvent être occupé et dispersé, apprendre à être plus conscient de la respiration offre la possibilité d'être plus concentré sur soi-même.

Les mouvements de la respiration vont être le support de notre focalisation. Lorsqu'une situation demande de l'attention, nous pouvons nous appuyer sur ce souffle qui va et vient pour nous concentrer et revenir à l'instant présent. C'est un formidable point d'appui, toujours disponible.

### Exercice 3

### Méditation assise « pleine conscience de la respiration et du corps »

**20 minutes**

✓ Adoptez une posture droite et digne, avec la tête, le cou et le dos alignés à la verticale – cette attitude est le reflet physique de la confiance en soi, de l'acceptation de soi, de la patience et de l'attention. Faites cet exercice sur une chaise ou au sol. Si vous prenez une chaise, vérifiez que le dossier soit droit et que vos pieds puissent être à plat sur le sol. Dans la mesure du possible, évitez tout appui, asseyez-vous loin du dossier : la colonne est en mesure de se supporter elle-même. Si vous choisissez de vous asseoir au sol, optez pour un coussin épais et ferme, de manière à surélever vos fesses de 5 à 10 centimètres. Prêt ?

✓ Lorsque vous vous sentez ancré dans le présent, élargissez votre champ de conscience à tout votre corps. Faites comme si c'est lui qui respirait, comme si vos poumons allaient jusqu'aux limites de la peau.

✓ Prenez conscience du contact de votre corps avec le support sur lequel vous êtes assis, puis du contact de vos vêtements sur votre peau.

✓ Lorsque votre esprit vagabonde, ce qui est normal, ramenez-le à l'exercice et félicitez-vous de prendre ce temps pour vous.

✓ Observez toutes les sensations corporelles qui traversent votre corps. Celles-ci peuvent être très douloureuses. Essayez de « respirer dedans », comme si vous dirigiez votre respiration à cet endroit. N'analysez pas ce que vous éprouvez : contentez-vous d'habiter l'expérience.

Et vous ? Quelle a été votre expérience ?

..........................................................................................

..........................................................................................

La respiration est une base solide pour apprendre à focaliser notre attention. Elle est toujours présente, toujours disponible et le sera jusqu'à notre dernier souffle. La respiration change selon notre humeur, notre niveau de stress. Elle est rapide et courte, se concentre sur le haut du corps lorsque nous sommes en alerte, en colère. Elle est plus ample lorsque nous sommes détendus et heureux. Nous allons l'utiliser comme ancrage dans le présent. Nous pouvons nous y raccrocher à tout moment de la vie quotidienne. Il ne s'agit pas de la contrôler ou de la modifier, juste de s'y référer pour nous poser dans le présent. La respiration est changeante et toujours différente. C'est une cible mouvante qui nous accompagne tout au long de notre vie.

**Pour mieux se connaître**

Tenez un autre journal de bord, même s'il est moins positif que le premier. Ce calendrier vous apprendra à vous centrer sur le moment présent même quand les événements sont peu plaisants.

| Événement | Pensées | Émotions | Sensations | Conscience de ce qui a été désagréable |
|---|---|---|---|---|
| | | | | |
| | | | | |
| | | | | |
| | | | | |
| | | | | |
| | | | | |
| | | | | |

### → *L'apport de la pleine conscience*

Il existe de nombreuses méthodes pour susciter la stimulation du système parasympathique, cette « réponse » à notre problème de stress : la visualisation, la relaxation musculaire progressive, l'acupuncture, le massage, les techniques de respiration, la prière, le tai-chi, le qi gong, le yoga… et, bien sûr, la méditation !

Une chose est certaine, nous savons où nous mène la réaction de combat ou de fuite : vers l'évitement à tout prix de l'expérience émotionnelle désagréable. C'est le chemin que nous prenons habituellement, celui que nous avons emprunté la plupart du temps. Le défi consiste à réaliser que nous avons la possibilité de faire autrement. Prendre une option différente ne veut pas dire que nous ne nous sentions plus menacés, ni en colère. Nous avons la possibilité d'être plus présents, pendant plus longtemps, face à nos émotions.

Notre conscience peut tempérer la « réponse », l'activation qui suit la menace. Dans certaines situations, l'activation émotionnelle peut être appropriée ; mais parfois, elle ne l'est pas ! Elle est disproportionnée et dépend de l'état mental dans lequel nous nous trouvons. À force de focaliser notre attention et de mettre de la conscience dans les moments stressants, nous constatons que ce qui pouvait nous mettre « hors de nos gonds » ne nous active plus. Nous sentons que notre cœur s'accélère, que notre tension monte, nous le constatons et décidons d'y prêter davantage attention, sans jugement, sans fuite, en accueillant la sensation.

Votre principal défi est de déceler les réactions de stress au moment où elles apparaissent. Cela demande du temps et de la pratique pour répondre et ne plus réagir. Mais c'est cela que vous apprendrez en pratiquant la pleine conscience. Passez un peu de temps chaque jour à apaiser votre esprit, offrez-vous une meilleure santé et savourez une paix intérieure. Si vous êtes stressé, le meilleur moment pour pratiquer la méditation est le matin pendant 10 à 20 minutes. Pratiquer une ou deux fois par jour peut être suffisant pour équilibrer la réponse au stress et apporter une relaxation profonde.

Parallèlement à votre pratique, n'oubliez pas les cinq piliers anti-stress :

– bien dormir ;
– gérer ses attentes et ses buts ;
– accepter les situations qui ne peuvent être contrôlées ;
– renforcer ses liens sociaux ;
– trouver du sens à sa vie et à ses activités.

### Exercice 4
## Apprendre à se reprendre

**3 minutes**

Appuyez sur le bouton « RESET » pour sortir du pilotage automatique

1. **Conscience**. Soyez dans le moment présent, adoptez délibérément une posture droite et digne. Si possible, fermez les yeux. Puis interrogez-vous : « Comment est-ce que je me sens, là-tout de suite-maintenant ? » « Quelles sont mes pensées-émotions-sensations corporelles ? » Reconnaissez et accueillez votre expérience, même si elle est désagréable.
2. **Focalisation**. Réorientez doucement toute votre attention sur votre respiration, sur chaque inspiration et sur chaque expiration, comme elles viennent, l'une après l'autre. Votre respiration peut fonctionner comme un point d'ancrage pour vous conduire dans le présent et vous aider à entrer dans un état de conscience et de calme.
3. **Élargissement**. Élargissez le champ de votre conscience au-delà de votre respiration : vous êtes désormais attentif à votre posture, à votre expression faciale, vous percevez votre corps comme un tout.

Et vous ? Quelle a été votre expérience ?

.....................................................................................

.....................................................................................

**À retenir**

– Le stress provient du déséquilibre entre notre perception d'une menace et notre capacité à y faire face.

– La possibilité d'adaptation d'un individu face à un agent agressif prolongé, « stressant », n'est pas illimitée.

– Le stress est une réponse biologique ; c'est sa durée qui rend ses effets délétères.

– La réponse de relaxation, c'est-à-dire la stimulation du système parasympathique, permet d'équilibrer le stress.

– La pleine conscience équilibre ses effets physiologiques ; elle invite à une réponse plutôt qu'à une réaction de lutte ou de fuite.

# Soignez votre anxiété

**Régulièrement l'anxiété vous taraude, et vous anticipez sur le pire qui est, bien évidemment, à venir. Si l'angoisse est à son comble, il est temps de la cerner. Ce chapitre vous apprendra à mieux la gérer.**

★ Nathalie a commencé à faire des attaques de panique dans le métro en rentrant de son travail. La première crise s'est produite un soir, alors que la rame était bondée. Elle était grippée, elle avait de la fièvre, l'impression de ne plus pouvoir respirer... Son cœur s'est accéléré, elle s'est mise à trembler. Cet endroit fermé lui fait peur au point qu'elle se déplace à présent à vélo. Elle redoute surtout que le métro s'arrête entre deux stations comme cela arrive parfois. Elle s'est déjà imaginé le pire, qu'une catastrophe allait se produire. Le sentiment de ne pas pouvoir être secourue l'a mise mal à l'aise, être bloquée avec cette foule inconnue était horrible. Elle pensait qu'elle serait incapable de tenir jusque chez elle.

Depuis lors, Nathalie évite de se retrouver dans un endroit fermé. C'est tout ce qu'elle a trouvé pour ne pas souffrir. Elle sait très bien qu'il s'agit d'un évitement. Après quelques semaines de méditation, elle s'aperçoit qu'elle anticipe le pire. Elle accepte de voir sa peur en face même si celle-ci lui semble absurde. Un beau jour, en pleine conscience, elle va jusqu'à la bouche de métro, commence à ressentir sa gorge et son estomac qui se serrent. En poursuivant lentement sa marche, toujours très attentive à ses sensations, elle remarque que, doucement mais sûrement, les sensations s'atténuent. Elle rebrousse chemin et rentre chez elle, toujours en pleine conscience, puisque tel était son objectif. Après quelques jours, elle est en mesure d'effectuer, en métro, l'un des deux trajets jusqu'à son travail. Elle se concentre sur sa respiration pour rester dans le présent et éviter toute anticipation d'une catastrophe.

## Un phénomène normal

L'anxiété est un réel problème de santé. Mais puisqu'il est un phénomène subjectif, les anxieux n'en parlent pas, ne consultent pas. Ce trouble touche près d'une personne sur cinq, et ses répercussions sont inévitables dans la famille, sur la santé ou encore dans la vie professionnelle. Son coût direct ou indirect est pharamineux. Le handicap de l'anxiété ne se voit pas et, pourtant, il est une réelle perte de chance pour qui en souffre.

L'anxiété est une réaction biologique qui a pour but de nous protéger du danger. Elle se différencie de la peur parce qu'elle se manifeste même en dehors de l'objet. C'est un phénomène normal qui contribue à l'adaptation et incite l'individu à trouver des solutions. L'anxiété est source d'action et de changements. À petite dose, elle nous évite les ennuis ; à forte dose, c'est un poison quotidien, violent, qui nous ronge.

Pour faire la différence entre une anxiété normale et une anxiété pathologique, deux critères sont à retenir : la difficulté de fonctionner et la souffrance. L'anxiété devient préoccupante quand nous n'arrivons plus à fonctionner normalement, c'est-à-dire quand elle nous empêche de travailler, d'être à l'aise dans notre vie sociale ou dans notre vie intime. La souffrance est le corollaire de l'impossibilité de fonctionner. Nous nous rendons bien compte que nous ne « tournons pas rond ». C'est de là que vient le malaise.

L'anxiété n'est pas le stress.

**Le stress est une fonction d'adaptation** physiologique et psychologique face à une situation souvent inattendue de la vie. Par exemple, d'importantes difficultés financières, un divorce, un licenciement sont certainement des agents de stress pouvant générer un certain niveau d'anxiété.

**L'anxiété est une émotion** considérée comme normale quand elle constitue une réponse à un stress. Elle devient pathologique quand elle génère une incapacité fonctionnelle et une souffrance, quand l'exposition prolongée au stress crée une peur diffuse, liée à l'anticipation d'un événement imaginé négatif ou d'un danger imminent indéterminé qui pourrait arriver.

Pour faire simple, l'anxiété est en quelque sorte la capacité à amplifier et à créer soi-même du stress. Elle repose sur une anticipation exagérée. Anticiper est nécessaire à notre vie. Mais quand la machine s'emballe, elle devient incontrôlable. Elle tourne toute seule « Et si..., alors... », « Et si..., alors... », « Et si..., alors... » Voilà comment tout cela fonctionne :

- Nous anticipons de manière négative quelque chose qui ne va probablement pas arriver.
- Nous sommes intolérants à l'incertitude.
- Nous voulons tout contrôler.
- Nous voulons éviter l'expérience émotionnelle désagréable.
- Pour éviter l'expérience désagréable, nous anticipons et faisons toutes sortes de choses pour l'éviter, comme un hamster dans sa roue qui s'agite.
- Au bout d'un moment, nous « avons peur d'avoir peur ».
- Nous transpirons avant d'avoir chaud, crions avant d'avoir mal, ouvrons le parapluie alors qu'il ne pleut pas.

## L'anxiété, ses troubles et ses symptômes

Il y a plusieurs types de troubles anxieux :

- les troubles obsessionnels compulsifs ;
- le trouble anxieux généralisé, avec ou sans attaques de panique, parfois appelé « spasmophilie » ; la vie est paralysée par l'impossibilité de faire face ;
- les phobies, simples ou complexes – un objet (les animaux par exemple) ou une situation (la foule par exemple) sont imaginés comme dangereux ;

- le syndrome de stress posttraumatique – à la suite d'un traumatisme s'installe la peur qu'il se reproduise.

Les troubles anxieux dans leur globalité touchent 18 % de la population. Le trouble anxieux généralisé touche, à lui seul, entre 5 et 10 % de la population, majoritairement des femmes. Bien souvent, l'anxiété commence dès l'enfance mais passe inaperçue. Les personnes consultent au début de l'âge adulte, pour des symptômes physiques, non spécifiques. Nombreux sont les grands anxieux qui souffrent d'un autre trouble psychiatrique : la comorbidité (avoir plusieurs pathologies) est fréquente, dans 50 à 90 % des cas, tout comme la dépression ou l'abus de substances (drogue, alcool, tabac).

Les signes physiques les plus fréquemment observés sont classiquement :

- des palpitations cardiaques
- une pression sanguine élevée
- des tremblements
- des douleurs thoraciques
- la sensation d'être étouffé
- des sueurs abondantes
- des nausées
- des étourdissements
- des engourdissements ou des picotements
- des bouffées de chaleur ou des frissons.

## Ce qui génère l'anxiété

Les troubles anxieux ne sont pas causés par un facteur mais par la conjugaison de plusieurs éléments : l'instinct, le tempérament, la génétique, la vulnérabilité, l'environnement et les traumatismes.

**L'instinct**. Au cours de son évolution, *Homo sapiens* a dû faire face à un nombre important de dangers. Face à eux, nos réactions sont devenues « instinctuelles », elles font partie de notre patrimoine génétique. Voyez comme nous continuons de craindre les serpents sans en avoir beaucoup rencontré dans notre quotidien de citadins. Voyez aussi comme nous n'avons pas peur des cuisinières alors que nous nous sommes tous brûlés plusieurs fois. Les racines de cet instinct de survie se remarquent dans la phobie sociale, l'agoraphobie et les TOC (troubles obsessionnels du comportement). C'est comme si c'était une question de vie ou de mort ! Les thèmes de l'anxiété sont toujours plus ou moins les mêmes : l'estime de soi, la culpabilité, la sécurité – qui englobe aussi la maladie ou la mort –, l'abandon avec la jalousie, l'avenir – l'argent en fait partie – et, enfin, la perte de contrôle.

A-t-on une mauvaise estime de soi parce qu'on a des angoisses d'abandon ? Ou a-t-on une angoisse d'abandon parce qu'on a une mauvaise estime de soi ? Si nous nous posons ces questions, nous abordons la notion d'attachement. L'attachement est instinctuel. Nous avons tous besoin les uns des autres. Quelqu'un de « tout seul », ça n'existe pas. L'instinct grégaire nous lie les uns aux autres. Notre survie a été favorisée par notre tendance à vivre en groupe. Cet instinct n'est pas propre à l'être humain : de nombreux mammifères vivent en troupeaux, certains poissons forment des bancs, et les oiseaux migrateurs volent ensemble. Dans l'évolution, ceux qui se sont éloignés ont péri. Ils se sont fait dévorer par les fauves ou n'ont pas vu une grosse pierre leur tomber dessus.

Notre cerveau émotionnel ne s'allume que si c'est grave. Lorsque nous ne contrôlons pas la situation, alors c'est « gravissime » ! Et une réaction de peur s'enclenche. C'est la panique… même s'il ne s'est encore rien passé. Si nous souffrons d'un trouble anxieux, nous sommes câblés pour réagir violemment à la peur. Nous avons peur d'avoir peur, ce qui conforte notre anxiété.

**Le tempérament.** Les personnes atteintes de troubles anxieux ont un trait de personnalité commun : la rigidité. Au fil de notre vie, nous avons développé des croyances, nous avons une idée de la façon dont les choses doivent être. On appelle « schémas cognitifs » ces croyances de base qui concernent les aspects importants de l'adaptation. Si un événement ne se déroule pas selon notre schéma, alors il y a dissonance : ça ne colle pas avec ce que nous avions prévu. La sonnette d'alarme retentit, il faut vite remettre de l'ordre, reprendre le contrôle et faire ce qui était prévu. La flexibilité psychologique est une difficulté d'adaptation. De prime abord, on dit de ces grands anxieux qu'ils sont psychorigides ! En réalité, ils ont peur que les choses ne se déroulent pas comme prévu.

**La génétique.** Dans 40 % des cas, l'anxiété est d'origine génétique. La concordance entre les vrais jumeaux homozygotes s'établit à 85 %, alors qu'elle est de 10 à 15 % pour les frères et sœurs dizygotes. Les gènes sont impliqués dans la régulation de la sérotonine, c'est-à-dire que ceux hérités de nos parents conditionnent notre réactivité à l'anxiété.

**La vulnérabilité individuelle** a été mise en évidence par l'étude de Jérôme Kagan[1], qui porte sur 500 bébés suivis pendant près de vingt ans. Ses travaux ont montré que ceux qui étaient le plus perturbés par un changement, ne serait-ce qu'un jouet nouveau, développaient un trouble anxieux. À l'adolescence, certains maîtrisaient leurs angoisses. Mais ce trait de vulnérabilité était observable dès le plus jeune âge. La conclusion de cette étude est que les conditions de vie dans l'enfance vont conditionner le développement des troubles.

**L'environnement** est déterminant. Il est influencé par notre famille, notre entourage, nos conditions de vie. La manière dont est gérée l'incertitude par les adultes autour de l'enfant peut aussi conditionner la manière dont il va y faire face. Un enfant à qui l'on dit 300 fois par jour « Fais attention ! » ne va pas être très rassuré.

1. Kagan est un chercheur en psychologie américain, auteur de *Galen's Prophecy: temperament in human nature*, Basic Books, 1994.

**Les traumatismes psychologiques.** Ce sont ces événements de vie où les capacités d'adaptation de la personne ont été submergées. Il ne s'agit pas forcément d'attentat ou de viol. Le simple fait de n'avoir pas été en mesure de faire face, à ce moment-là, suffit à créer le traumatisme. Secondairement, dans un processus de remémoration, l'anxiété se met en place.

## Le syndrome de l'imposteur

★ Mary, d'origine anglaise, est juriste, spécialisée en droit social. Très reconnue dans sa profession, elle a écrit des articles et des ouvrages qui font d'elle un expert. Mais rien n'y fait. En permanence, une petite voix intérieure lui dit que ses succès sont le fruit du hasard. Son mari, ses associés et ses clients ne soupçonnent pas les doutes qui la taraudent. Tout le monde lui répète qu'elle est performante, très professionnelle, et ses succès sont applaudis. Mais non, elle ne se sent pas légitime, elle est victime du « syndrome de l'imposteur ». Arrivée à Paris en tant qu'étudiante, elle se considère encore, après vingt ans de carrière en France, comme une étrangère. Il lui a été proposé de collaborer avec un cabinet américain, mais Mary refuse : « Je n'ai pas les épaules assez solides. »
Avec la pleine conscience, elle apprend à identifier ses pensées automatiques « Je suis nulle, je ne vais y arriver... » qui font écho à « Je me déteste de manquer à ce point de confiance en moi ». Peu à peu, elle va accepter de ne pas tout contrôler, elle va regarder ses peurs en face, sans chercher à les fuir. Elle commencera à s'aimer davantage en se réconciliant avec celle qu'elle est. Elle cultivera l'autocompassion en valorisant, enfin, tout le chemin parcouru.

Ce syndrome, une sorte d'anxiété de performance de l'adulte, a été décrit en 1985 par Pauline Rose Clance, professeure d'université américaine. Ce trouble anxieux concerne l'estime de soi et s'avère un frein récurrent dans une carrière professionnelle. Les personnes qui en souffrent n'arrivent pas à aller de l'avant, malgré la reconnaissance et la valorisation de leur entourage. Lorsqu'elles postulent pour un nouvel emploi, elles ont besoin d'être bardées de diplômes et dotées de compétences reconnues pour être crédibles.

Mais c'est un cercle vicieux. Parce qu'elles ont besoin de se sentir armées pour relever un défi, elles évitent de se mettre à l'épreuve, ce qui corrobore leur croyance qu'elles ne vont pas y arriver. La spirale infernale débute :

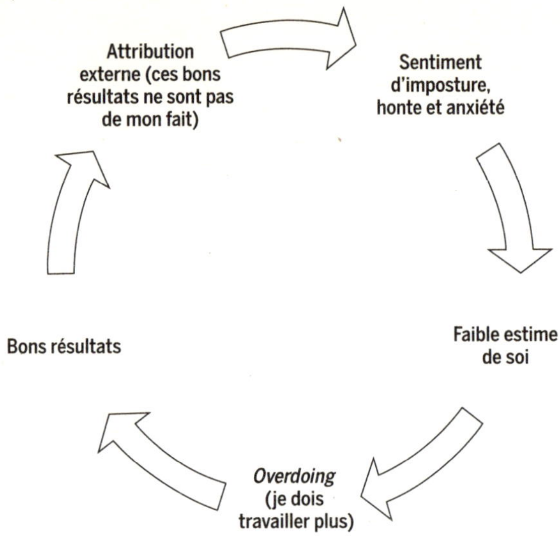


L'estime de soi repose sur trois dimensions :

1. Est-ce que ce qui m'arrive est positif ou négatif ? Le processus est agréable ou désagréable.
2. Est-ce de mon fait ou du fait des autres ? Le processus est interne ou externe.
3. Est-ce une fois ou est-ce tout le temps ? Le processus est ponctuel ou général.

Bien souvent, avec une mauvaise estime de soi, les succès sont des coups de bol ! La chance est venue de l'extérieur et l'autodénigrement est de mise. La peur de l'échec est au premier plan et induit un sentiment de culpabilité parce qu'on n'ose pas, qu'on n'a pas osé. Ce syndrome de l'imposteur génère une gêne fonctionnelle et une souffrance. On passe à côté de belles opportunités tant l'impression de ne pas être à la hauteur prédomine.

**Pour mieux se connaître : Le piège des pensées qui viennent automatiquement**

Nombreuses sont les pensées négatives qui s'immiscent régulièrement dans notre esprit. En voici trente. Lisez-les attentivement. Puis indiquez à quelle fréquence – si c'est le cas – lesquelles se sont imposées à votre esprit au cours de la semaine passée.

| | Pas du tout | Parfois | Assez souvent | Souvent | Tout le temps |
|---|---|---|---|---|---|
| 1. J'ai la plus grande difficulté à faire face au monde. | | | | | |
| 2. Je ne suis pas bon. | | | | | |
| 3. Pourquoi est-ce que je ne réussis jamais ? | | | | | |
| 4. Personne ne me comprend. | | | | | |
| 5. J'ai laissé tomber les autres. | | | | | |
| 6. Je ne vais pas pouvoir continuer. | | | | | |
| 7. J'aimerais être quelqu'un de meilleur. | | | | | |
| 8. Je suis si faible. | | | | | |
| 9. Ma vie ne se déroule pas comme je le souhaite. | | | | | |
| 10. Je me déçois moi-même. | | | | | |
| 11. Tout était mieux avant. | | | | | |
| 12. Je ne peux pas supporter cela plus longtemps. | | | | | |

| | | | | | |
|---|---|---|---|---|---|
| 13. Je n'arrive pas à m'y mettre, à commencer, à... | | | | | |
| 14. Qu'y a-t-il de mauvais en moi ? | | | | | |
| 15. J'aimerais être quelqu'un d'autre. | | | | | |
| 16. Rien ne marche. | | | | | |
| 17. Je me déteste. | | | | | |
| 18. Je n'ai aucune valeur. | | | | | |
| 19. Je souhaite disparaître. | | | | | |
| 20. Qu'est-ce qui ne va pas chez moi ? | | | | | |
| 21. Je suis un perdant. | | | | | |
| 22. Ma vie est un gâchis. | | | | | |
| 23. Je suis un raté. | | | | | |
| 24. Je n'y arriverai pas. | | | | | |
| 25. Je suis sans espoir. | | | | | |
| 26. Quelque chose doit changer. | | | | | |
| 27. Il doit y avoir du mauvais en moi. | | | | | |
| 28. Mon avenir est lugubre. | | | | | |
| 29. Cela ne vaut pas la peine. | | | | | |
| 30. Je ne termine jamais rien correctement. | | | | | |

Et vous ? Quelle est votre expérience ?

..........................................................................................

..........................................................................................

Ce questionnaire vous permet de vous familiariser avec vos pensées automatiques les plus fréquentes. Pas pour vous culpabiliser, non. Pour mieux vous connaître. Identifiez quel est votre top 5 des pensées négatives. Contentez-vous de les repérer, n'essayez pas de les chasser. Elles constituent le pivot des ruminations, des angoisses et des moments difficiles.

L'objectif ici est d'abandonner des circuits de pensées inutiles et douloureux. Nous allons apprendre à regarder autrement, à aborder les difficultés différemment. Lorsque nous avons un problème à régler, nous y pensons, croyant bien faire. Notre cerveau est en mode « résolution de problème » ; il enchaîne les conjectures, étudie les hypothèses. Mais plus nous pensons, moins nous sommes présents. C'est une lapalissade, mais ce « problème » à régler nous éloigne de notre vie. Plus nous pensons, plus nous sommes fatigués de penser.

Or, la fatigue est l'un des premiers signes de l'épuisement qui peut mener à la dépression. Plus nous pensons, moins nous avons de temps pour nous concentrer, moins nous en avons pour nos envies, nos plaisirs. Et ce que les médecins appellent l'« anhédonie », c'est-à-dire la perte de plaisir, est un critère majeur de diagnostic dans la dépression. Plus nous pensons, moins nous dormons, moins nous avons faim. Plus nous pensons, moins nous avons de temps pour notre vie sociale, nos amis, notre conjoint, nos enfants. Plus nous pensons, moins nous avons de désir. Et plus nous pensons, moins nous sommes en mesure de nous concentrer sur ce que nous faisons, notre travail, par exemple. En conclusion, plus nous pensons, plus nous aggravons notre cas !

## Le trac, une anxiété sociale

Les sensations physiques de l'anxiété sociale comme le cœur qui bat plus vite, les mains moites ou les tremblements correspondent au trac. Un examen important, un entretien d'embauche, un rendez-vous galant ou encore la prise de parole en public nous mettent parfois dans l'inconfort. Nous avons l'idée que tout stress est mauvais. Mais, en réalité, notre corps nous signale simplement que nous allons devoir faire face à une situation exigeante.

Physiologiquement, la fonction d'adaptation du stress social réagit en mode « *fight or fly* » ; c'est le combat ou la fuite, et les signes physiques se déclenchent. Pourquoi ne pas apprendre à considérer autrement ces symptômes de stress ? Pourquoi ne pas les voir comme « normaux », faisant partie de la vie ? Avant de parler en public, par exemple, nous interprétons nos mains moites comme un signal, une preuve que les choses vont mal tourner. Pourquoi ne pas les accepter ?

Lorsqu'on souffre d'anxiété sociale, l'expérience désagréable peut se transformer en véritable panique. Mais si nous changeons notre relation avec nos « peurs-pensées-émotions-sensations corporelles », nous pouvons nous décentrer et voir les choses différemment. Cette déconnexion appuie la théorie selon laquelle une expérience de stress aigu ou à court terme est déterminée par la façon dont sont interprétés les symptômes physiques. Nous avons la possibilité de nous détacher de nos pensées et nos émotions s'en trouvent alors régulées.

### Test : Évaluez votre anxiété

L'échelle de Beck est couramment utilisée pour évaluer le niveau d'anxiété des patients. Vous trouverez ci-dessous les symptômes courants dus à l'anxiété. Lisez-les, un à un, attentivement. Puis indiquez, en encerclant le chiffre approprié, à quel degré vous avez été affecté par chacun de ces symptômes au cours de la semaine, aujourd'hui inclus.

| **Au cours des 7 derniers jours, j'ai été affecté par...** | **Pas du tout** | **Un peu** (cela ne m'a pas beaucoup dérangé) | **Modérément** (c'était déplaisant mais supportable) | **Beaucoup** (je pouvais à peine le supporter) |
|---|---|---|---|---|
| 1. Sensation d'engourdissement ou de picotement | 0 | 1 | 2 | 3 |
| 2. Bouffées de chaleur | 0 | 1 | 2 | 3 |
| 3. « Jambes molles », tremblements dans les jambes | 0 | 1 | 2 | 3 |
| 4. Incapacité à me défendre | 0 | 1 | 2 | 3 |
| 5. Crainte que le pire arrive | 0 | 1 | 2 | 3 |
| 6. Étourdissements, vertiges, désorientation | 0 | 1 | 2 | 3 |
| 7. Battements cardiaques marqués ou rapides | 0 | 1 | 2 | 3 |
| 8. Mal assuré, manque d'assurance dans mes mouvements | 0 | 1 | 2 | 3 |
| 9. Je suis terrifié | 0 | 1 | 2 | 3 |
| 10. Nervosité | 0 | 1 | 2 | 3 |
| 11. Sensation d'étouffement | 0 | 1 | 2 | 3 |
| 12. Tremblements des mains | 0 | 1 | 2 | 3 |
| 13. Tremblements, je suis chancelant | 0 | 1 | 2 | 3 |

| | | | | |
|---|---|---|---|---|
| 14. Crainte de perdre le contrôle de soi | 0 | 1 | 2 | 3 |
| 15. Respiration difficile | 0 | 1 | 2 | 3 |
| 16. Peur de mourir | 0 | 1 | 2 | 3 |
| 17. Sensation de peur, j'ai la frousse | 0 | 1 | 2 | 3 |
| 18. Indigestion ou malaise abdominal | 0 | 1 | 2 | 3 |
| 19. Sensation de défaillance ou d'évanouissement | 0 | 1 | 2 | 3 |
| 20. Rougissement du visage | 0 | 1 | 2 | 3 |
| 21. Transpiration (non associée à la chaleur) | 0 | 1 | 2 | 3 |

Vous avez répondu 2 et 3 à moins de 5 propositions : vous ne souffrez pas d'anxiété.

Vous avez répondu 2 et 3 à plus de 5 propositions mais moins de 15 : votre niveau d'anxiété est important sans être pathologique ; vous devriez recourir à une technique de relaxation et envisager une meilleure hygiène de vie (activité sportive, alimentation équilibrée...).

Vous avez répondu 2 et 3 à plus de 15 propositions : votre niveau d'anxiété est majeur ; il est indispensable de consulter un médecin ou un thérapeute pour modifier en profondeur votre posture.

**Exercice** 5
## Quelques minutes pour faire face

**3 minutes**

✓ Cet exercice est votre kit de secours. À utiliser quand vous êtes confronté à une situation pénible…

✓ Interrogez-vous : « Comment est-ce que je me sens, là-tout de suite-maintenant ? » Prenez conscience de vos pensées-émotions-sensations corporelles.

✓ Redirigez votre attention sur votre respiration et sur vos sensations corporelles. Laissez-les faire ! Restez dans l'instant, comme si vous étiez témoin de ce qui se passe dans votre corps, comme si vous en aviez une parfaite vue d'ensemble.

✓ Dites-vous : « Ça va. Quoi que ce soit, ça va. »

Et vous ? Quelle a été votre expérience ?

……………………………………………………………………………

……………………………………………………………………………

Les quelques minutes pour faire face doivent devenir un réflexe quand ça va mal. C'est la raison pour laquelle il faut apprendre à le faire quand ça va bien…

→ *L'apport de la pleine conscience*

Dans les phases aiguës, lorsque l'aspect fonctionnel prend le dessus et que les symptômes sont invalidants, la prescription d'anxiolytiques permet de mettre le cerveau au repos. En réduisant les symptômes physiques, la personne prend un peu de distance. Si le trouble désorganise la vie, les antidépresseurs sont parfaitement justifiés. Une fois passé l'épisode aigu, un traitement de fond peut être envisagé.

Les psychothérapies cognitives et comportementales ont, au travers de nombreuses études, prouvé leur efficacité. Il s'agit d'apprendre à identifier les pensées anxieuses qui sont dysfonctionnelles puis, peu à peu, de modifier son comportement.

Mais la pleine conscience peut, elle aussi, beaucoup nous aider. Identifier nos thèmes d'anxiété fait d'ailleurs partie du travail à l'œuvre dans la méditation. La souffrance psychique nous donne une information cruciale sur nous-mêmes : certains de nos besoins ne sont pas comblés, raison pour laquelle nous n'allons pas bien. Pour le philosophe d'origine indienne Jidhu Krishnamurti, la souffrance est « l'ombre portée du désir ». Nos souffrances sont les revers de besoins non satisfaits. Nous avons tous besoin de l'amour de nos proches, de sécurité, d'une reconnaissance professionnelle, d'un sentiment d'appartenance, etc. Il en va de notre survie ! C'est la raison pour laquelle nos réactions sont parfois démesurées… Parce que nous sommes déconnectés des faits, nous réagissons de façon disproportionnée. Quand nous sommes en pleine crise d'angoisse, il n'y a plus de filtre : tout est « gravissime » !

Notre réflexe est d'éviter les sensations douloureuses, de les tenir à l'écart. Mais une partie de nous peut « connaître » nos émotions, nos sensations corporelles et nos pensées. Décider d'assister aux moments difficiles, c'est-à-dire devenir capables de vivre pleinement ces instants douloureux, nous permet de prendre part plutôt que de rester victimes.

**Fondamental : Rester présent, focaliser sur ici et maintenant**

Comment rester présent quand, naturellement, nous voulons fuir ce qui est désagréable et nous accrocher à ce qui est agréable ? Lorsque nous sommes confrontés à un événement désagréable, notre réaction peut être l'évitement expérientiel ou l'aversion/l'attachement. Nous avons trois façons de réagir.

- Nous évitons la situation problématique en adoptant tel ou tel comportement : si l'on souffre de phobie sociale, on ne sort plus de chez soi, par exemple.

- Nous fuyons l'expérience émotionnelle désagréable par la pensée : nous pensons à autre chose, nous nous mettons à nous ennuyer, à rêver…
- Nous nous accrochons au problème et tentons désespérément de le résoudre ; on s'excite, on réfléchit, on est incapable de lâcher prise.

La pleine conscience va nous permettre de changer notre relation aux difficultés : nous pouvons apprendre à marcher avec un caillou dans une chaussure ! Pour ancrer davantage notre attention dans le présent, nous nous focalisons toujours sur la respiration, le corps, mais désormais aussi sur les sons et les pensées.

### EXERCICE 6
## Méditation pour ouvrir l'attention aux sons et aux pensées

**20 minutes**

✓ Comme pour une méditation assise, décrite précédemment, adoptez une posture digne et droite. Vérifiez la position de la colonne vertébrale : elle doit être droite sans être raide. La tête est dans le prolongement du buste, le menton est légèrement rentré. Les points de contact de votre corps avec votre support sont bien repérés.

✓ Observez les sons qui vous entourent, ceux de la pièce, ceux de votre immeuble ou de votre maison, ceux de l'extérieur, de la rue ou du jardin.

✓ Remarquez comme cette conscience du son permet d'ouvrir un troisième ancrage dans le présent. Que ces bruits soient proches ou lointains, imaginez leur trajectoire jusqu'à votre oreille. Parfois, certaines personnes préfèrent être attentives aux moments de silence pour se détacher du jugement. Devenez un fin observateur, un technicien des sons : notez leur timbre, leur sonorité, leur durée.

✓ Dès que vous n'êtes plus attentif, observez où votre esprit est parti vagabonder et revenez à l'exercice.

✓ Soyez maintenant attentif à vos pensées. Elles sont de vrais sujets d'observation, de réels événements dans votre esprit. Comme vous l'aviez fait avec les sons, observez-les sans les juger, avec curiosité. Laissez-les surgir puis partir les unes après les autres, contentez-vous de les étiqueter « pensées ». Comme si vous vous teniez derrière une cascade, regardez vos pensées comme des gouttes d'eau. Vous pouvez également choisir la métaphore du cinéma : elles sont projetées sur un écran, elles défilent telles des images. Laissez-les venir et s'en aller naturellement.

Et vous ? Quelle a été votre expérience ?

..........................................................................................

..........................................................................................

Plus nous voulons nous accrocher aux bonnes choses ou éviter les mauvaises, plus notre esprit s'agite. La pleine conscience permet de rester présent en adoptant un autre point de vue sur les événements : nous bénéficions d'une perspective plus large et changeons de regard puisque nous « voyons » où nos pensées nous entraînent. Nous venons de mettre au jour les circuits de pensées négatives.

Nous allons maintenant nous attacher à repérer les pensées – et les thèmes de pensées – qui nous absorbent et nous éloignent de l'instant présent. Ce sont elles – et eux – qui nous font tourner en rond, au point, parfois, de nous faire sombrer dans l'anxiété ou dans la dépression.

## Pour traverser une crise d'angoisse

Quand l'anxiété est très forte, nous n'avons pas de recul, pas les moyens de prendre de la distance. Dans ce cas-là, il convient de fixer notre attention sur la sensation corporelle et de laisser notre mental s'agiter, protester.

- Lorsque vous sentez le tumulte des pensées et des émotions qui monte, interrogez-vous : « Comment je me sens, là-tout de suite-maintenant ? » Devenir curieux de ce tumulte, c'est faire un pas de côté pour devenir simple spectateur de la difficulté qui vous traverse momentanément.
- Focalisez-vous sur votre respiration.
- Recentrez-vous sur vos « pensées-émotions-sensations corporelles ». La pleine conscience vous permet de vous familiariser avec la nature de votre douleur. Dans les moments difficiles, vous avez besoin de savoir que le noyau de votre être est stable, qu'il est capable de survivre à la situation.
- Prenez conscience de cette réalité : traverser des moments difficiles fait partie de l'existence. La douleur émotionnelle n'est pas nécessairement une ennemie. Elle est un ingrédient de la vie. Nous souffrons parce que nous n'acceptons pas les choses comme elles sont. Sortir du monde des Bisounours nous responsabilise : nous sommes les témoins de notre vie, ne jouons plus les martyrs !
- Essayez de percevoir la situation avec le plus d'objectivité possible. Parfois, vous pourrez faire quelque chose, parfois, non. Choisir de ne rien faire est en soit une action délibérée. Vous agissez dans le présent, et cette action peut modifier le problème. Cette stratégie peut vous aider à agir efficacement.
- Focalisez votre attention sur la source de votre souffrance : Est-ce de la culpabilité, de la peur, de la frustration, le sentiment de perdre quelque chose ? Est-ce un caprice, une anticipation, une croyance ?
- Distinguez la cause de ses effets. Posez-vous des questions : « Quel est le problème ? » « Quel est l'effet sur moi ? » Ainsi, vous opérez un « recadrage ».

### À retenir

- L'anxiété est une réaction biologique qui a pour but de nous protéger du danger ; elle se différencie de la peur parce qu'elle se manifeste même en dehors de l'objet.
- L'anxiété est une émotion considérée comme normale quand elle constitue une réponse à un stress. Elle devient pathologique quand elle génère une incapacité fonctionnelle et une souffrance.
- Nos souffrances sont les revers de besoins non satisfaits.
- La pleine conscience invite à vivre pleinement ces instants douloureux pour les dépasser.

# Comprenez la dépression

**En ce moment, vous n'avez plus goût à grand-chose. Votre sommeil est perturbé, votre alimentation aussi. Vous ruminez, accablé par des idées noires. Ce chapitre vous aidera à prendre soin de vous. La dépression n'est pas une fatalité.**

★ Patrick a traversé plusieurs épisodes dépressifs. Déjà, alors qu'il n'est qu'en classe préparatoire, le doute, l'angoisse et la dépression le taraudent : va-t-il pouvoir préparer les concours d'entrée aux grandes écoles ? Ensuite, lorsqu'il rencontre sa femme, il est victime de pensées négatives et se dévalorise sans cesse ; son futur beau-père lui fait remarquer assez maladroitement qu'il n'est pas du même milieu social... Il devrait être heureux de se marier, mais il se sent mal. Puis il entame sa carrière dans la banque. En 2007, il est en poste à l'étranger, y vit avec femme et enfants. Il remarque la dangerosité de certains placements et voit la crise économique se dessiner. Mais sa hiérarchie ne le prend pas au sérieux. Alors, il sombre. Le stress de l'expatriation, les responsabilités, l'incertitude du monde du travail, le déséquilibre de la finance... Il entre en dépression au point qu'il est rapatrié en France. Dix-huit mois plus tard, il quitte son entreprise ; une autre banque l'embauche, mais il s'ennuie très vite à ce nouveau poste. De nouveau, les humeurs dépressives se répètent. Il se sépare de son épouse, mais ses enfants lui tournent le dos, prenant part au conflit des adultes. Les remarques acerbes de ses filles qui ne veulent plus le voir le blessent profondément. Patrick est dévasté, il rumine pendant des heures, des jours, des semaines. Il perd peu à peu sa joie de vivre. Il s'éloigne de son travail, de ses enfants, de sa nouvelle compagne. Pour aller mieux, il décide d'apprendre la méditation. En travaillant sur lui-même, il découvre la source de sa souffrance : une terrible angoisse d'abandon.

Il met au jour sa jalousie. Il vit mal, par exemple, que son amie lui raconte son déjeuner avec un collègue. Sans rien montrer de sa douleur, il ressent comme un serrement au cœur quand elle évoque ce rendez-vous. En réalité, il a peur qu'elle le quitte. En emménageant avec cette jeune femme, il devient le beau-père de deux petits garçons et se sent parfois la énième roue du carrosse, ce qui ravive son angoisse d'être abandonné. Pour ne rien arranger, sa propre mère se rapproche de son ex. Là encore, la douleur et l'émotion sont vives. Lors des séances de pleine conscience, les émotions sont différentes, parfois de la colère, parfois de la déception, parfois de la tristesse. Mais Patrick réussit à décoder ce que lui dit son corps. Toutes ces sensations corporelles forment un signal d'alarme. Les pensées aussi sont bien repérées : « Personne ne m'aime... À quoi bon tout ça ? Diane va me quitter. Jamais je ne connaîtrai mes petits-enfants... » Il s'appuie sur ses sensations corporelles, les considère comme des messages d'alerte : « Fais attention, tu es en danger. » Patrick apprend à ne plus lutter contre. Oui, il est hypersensible. Oui, il a besoin d'être rassuré, d'être aimé. Oui, il a des angoisses d'abandon. Et alors ? Qu'est-ce que ça peut faire ? Il est humain, comme tout le monde ! Avec le temps, même s'il ne pratique pas la méditation tous les jours, un équilibre, un apaisement et une vision objective se sont installés. Patrick se dit que ses angoisses sont autant sa force que sa faiblesse. Il a fait la paix avec elles. Et, en retour, elles le font moins souffrir.

## Un sérieux handicap

La dépression touche aujourd'hui 350 millions de personnes dans le monde. Des traitements efficaces existent, mais, en raison de la stigmatisation de la maladie mentale et de l'absence de diagnostic, peu de gens sont soignés. Personne n'aime être confronté à la maladie mentale, et l'idée de recourir à un traitement effraie. Pourtant, d'après l'Office mondial de la santé[1], la dépression est la première cause de handicap au monde. C'est une notion un peu trouble pour nous. Disons, pour faire simple, qu'elle repose sur trois champs différents : le diagnostic, l'incapacité et le désavantage social. C'est sur l'aspect de ce dernier point que la dépression est bel et bien une maladie invalidante. Elle

1. Résolution WHA65.4, en 2012.

désorganise notre vie, en couple, avec notre famille, nos amis, au travail. Elle nous empêche de fonctionner normalement : nous ne pouvons plus dormir, manger ou simplement nous réjouir. Le niveau de déficit fonctionnel est tel qu'il est comparable au cancer ou aux maladies coronariennes. Par exemple, si l'on prend en compte le nombre de jours qu'ont passé plusieurs patients au lit, il ressort que la dépression engendre un alitement de 1,4 jour par mois, les maladies cardio-vasculaires 2,1 jours par mois et les maladies pulmonaires, 1,2 jour par mois. Les répercussions économiques sont immenses, tant pour les États que pour les entreprises et le malade lui-même.

Qu'est-ce que la dépression ? C'est une maladie à part entière, qui se caractérise par une humeur triste et une perte de plaisir. Elle s'accompagne souvent de troubles du sommeil et de l'appétit, d'une dévalorisation de soi, d'un sentiment d'irritabilité, d'anxiété. Une dépression peut être d'intensité légère, moyenne ou sévère. Avec le temps, elle peut devenir chronique ou récurrente, cyclique : des épisodes dépressifs d'environ 15 jours reviennent régulièrement.

Il existe plusieurs types de dépression :

**La dépression unipolaire**. Les personnes réagissent à un événement de vie douloureux ou une situation particulière. Elles deviennent d'humeur morose, connaissent une perte de plaisir associée à un trouble du sommeil et de l'appétit. Cette dépression est souvent associée à l'anxiété et au stress.

**Le trouble bipolaire**. Ce sont des phases de dépression entrecoupées d'épisodes maniaques. Au cours de ces derniers, l'estime de soi est excessive, le débit de parole est accéléré et une hyperactivité est observée. L'individu a moins besoin de sommeil, par exemple, ses achats sont inconsidérés, sa sexualité devient frénétique, etc.

En France, entre 5 et 15 % de la population seraient atteints par la dépression. Dans les 12 derniers mois, cela représente

3 millions de Français. Les femmes sont deux fois plus touchées que les hommes, elles sont également plus exposées aux rechutes. Le premier épisode survient de plus en plus tôt, ce qui est inquiétant pour nos enfants. Par ailleurs, le risque est l'engrenage : après un premier épisode, le taux de rechute est de 50 % ; après un deuxième épisode, il grimpe à 80 %.

**Test : Traversez-vous une dépression ?**

De nouveau, nous allons utiliser les travaux de Beck pour évaluer la situation. Lisez attentivement ces affirmations et entourez le chiffre qui vous correspond le mieux.

*Tristesse*

0 Je ne me sens pas triste.
1 Je me sens cafardeux ou triste.
2 Je me sens tout le temps cafardeux ou triste et je n'arrive pas à en sortir.
3 Je suis si triste et si malheureux que je ne peux pas le supporter.

*Découragement*

0 Je ne suis pas particulièrement découragé ni pessimiste au sujet de l'avenir.
1 J'ai un sentiment de découragement au sujet de l'avenir.
2 Pour mon avenir, je n'ai aucun motif d'espérer.
3 Je sens qu'il n'y a aucun espoir pour mon avenir et que la situation ne peut s'améliorer.

*Échec*

0 Je n'ai aucun sentiment d'échec de ma vie.
1 J'ai l'impression que j'ai échoué dans ma vie plus que la plupart des gens.
2 Quand je regarde ma vie passée, tout ce que j'y découvre n'est qu'échecs.
3 J'ai un sentiment d'échec complet dans toute ma vie personnelle (dans mes relations avec mes parents, mon mari, ma femme, mes enfants).

*Insatisfaction*

0 Je ne me sens pas particulièrement insatisfait.
1 Je ne sais pas profiter agréablement des circonstances.
2 Je ne tire plus aucune satisfaction de quoi que ce soit.
3 Je suis mécontent de tout.

*Culpabilité*

0 Je ne me sens pas coupable.
1 Je me sens mauvais ou indigne une bonne partie du temps.
2 Je me sens coupable.
3 Je me juge très mauvais et j'ai l'impression que je ne vaux rien.

*Estime de soi*

0 Je ne suis pas déçu par moi-même.
1 Je suis déçu par moi-même.
2 Je me dégoûte moi-même.
3 Je me hais.

*Idées noires*

0 Je ne pense pas à me faire du mal.
1 Je pense que la mort me libérerait.
2 J'ai des plans précis pour me suicider.
3 Si je le pouvais, je me tuerais.

*Vie sociale*

0 J'ai de l'intérêt pour les autres.
1 Maintenant, je m'intéresse moins aux autres qu'autrefois.
2 J'ai perdu tout l'intérêt que je portais aux autres et j'ai peu de sentiments pour eux.
3 J'ai perdu tout intérêt pour les autres et ils m'indiffèrent totalement.

*Capacité de décision*

0 Je suis capable de me décider aussi facilement que de coutume.
1 J'essaie de ne pas avoir à prendre de décision.
2 J'ai de grandes difficultés à prendre des décisions.
3 Je ne suis plus capable de prendre la moindre décision.

*Image de soi*
0 Je n'ai pas le sentiment d'être plus laid qu'avant.
1 J'ai peur de paraître vieux ou disgracieux.
2 J'ai l'impression qu'il y a un changement permanent dans mon apparence physique qui me fait paraître disgracieux.
3 J'ai l'impression d'être laid et repoussant.

*Capacité de travail*
0 Je travaille aussi facilement qu'auparavant.
1 Il me faut faire un effort supplémentaire pour commencer à faire quelque chose.
2 Il faut que je fasse un très grand effort pour faire quoi que ce soit.
3 Je suis incapable de faire le moindre travail.

*Fatigue*
0 Je ne suis pas plus fatigué que d'habitude.
1 Je suis fatigué plus facilement que d'habitude.
2 Faire quoi que ce soit me fatigue.
3 Je suis incapable de faire le moindre travail.

*Appétit*
0 Mon appétit est toujours aussi bon.
1 Mon appétit n'est pas aussi bon que d'habitude.
2 Mon appétit est beaucoup moins bon maintenant.
3 Je n'ai plus du tout d'appétit.

– Votre résultat est inférieur à 3 : vous ne souffrez pas de dépression
– Votre résultat varie de 4 à 9 : vous avez des troubles bénins de l'humeur
– Votre résultat varie de 10 à 15 : c'est un cas limite de dépression clinique
– Votre résultat varie de 16 à 21 : vous souffrez d'une dépression
– Votre résultat est supérieur à 22 : vous souffrez d'une dépression sévère

## Les origines de la dépression

Les recherches effectuées sur la dépression ont permis de mettre plusieurs facteurs en évidence.

**La génétique**. Si de nombreuses études ont été menées, les résultats sont parfois contradictoires. Notons toutefois que, selon la revue *Science*[1], l'interaction gène/environnement (GxE) pourrait être un facteur prédictif de dépression chez certaines personnes. D'autres génomes ont été étudiés, dont la protéine BDNF (*brain derived neurotrophic factor*), facteur de croissance de certains neurones. L'expression du BDNF étant diminuée par le stress et le cortisol, on a émis l'hypothèse que son défaut d'expression d'origine génétique pourrait être un facteur déclencheur de la dépression.

**Le rythme circadien.** C'est notre rythme biologique au cours d'une journée complète, c'est-à-dire pendant 24 heures. L'activité hormonale change au fil de la journée. La perturbation des taux d'hormones en cas de dépression suggère que la variation de ces rythmes pourrait être à l'origine de la dépression. La luminothérapie ayant des effets positifs sur le TAS (trouble affectif saisonnier), le spleen de l'automne, on pense que la privation de lumière en hiver perturbe l'activité sérotoninergique et provoque des troubles du sommeil, des insomnies par exemple. À l'inverse, l'exposition à la lumière stimule le système sérotoninergique et améliore les signes de dépression.

**Sur le plan chimique.** Les hypothèses concernant le rôle des neurotransmetteurs, ces molécules qui aident à stimuler les neurones, sont apparues, elles aussi, contradictoires. Mais d'autres travaux ont mis en évidence que le transporteur de la sérotonine, qui aide à la régulation des émotions comme la colère, la tristesse, la peur, mais aussi l'humeur et l'appétit, connaissait des variations. Le gène codant pour ce transporteur peut être

1. Étude réalisée en 2003 par Avshalom Caspi.

plus ou moins long. Or, une petite variation de chromosome semble être déterminante. Les personnes ayant deux allèles longs sont moins susceptibles de connaître la dépression. Celles qui possèdent un allèle court et allèle long, ou deux allèles courts, seront, quant à elles, plus sujettes à la dépression. Autrement dit, plus les allèles sont courts, plus le risque de dépression est grand. Rappelons ici que les fonctions de la sérotonine sont multiples. Dans l'appétit, par exemple, cette hormone provoque les sensations de satiété et de satisfaction. Elle exerce, globalement, une inhibition des émotions négatives, d'où son importance.

**Anomalies dans certaines régions du cerveau.** On sait que la neuroplasticité est modifiée par le stress. En revanche, elle est améliorée par les antidépresseurs. Or, les hormones sécrétées et libérées pendant un stress prolongé abîment nos cellules nerveuses. Au cours d'un épisode dépressif, le réseau des « fonctions exécutives » – la mémoire de travail par exemple, la résolution de problème ou encore la prise de décision – dysfonctionne. Il est en surchauffe dès qu'il s'agit de difficultés sociales ! Mais il est désactivé lors de tâches spécifiques. La personne dépressive reste coincée dans les pensées autocentrées négatives qui caractérisent souvent la dépression. Par ailleurs, le réseau de « saillance », ce mécanisme de sélection des informations qui stimulent nos sens, est anormalement sollicité. Ce réseau alloue à chaque perception sensorielle une valeur plus ou moins élevée, et sélectionne seulement celles qui sont pertinentes pour les présenter à la conscience. Dans la dépression, ce système de tri ne marche pas bien. Dès lors, percevoir une information est source de doute. Et c'est ainsi que, dans le trouble dépressif majeur, l'anxiété redouble.

## La dépression, un processus d'adaptation ?

La dépression est un état émotionnel répandu. Les personnes dépressives pensent intensément à leurs problèmes. Elles ruminent sans cesse, analysent les faits, réfléchissent à la situation pour tenter de la résoudre. Bien sûr, examiner un problème complexe peut permettre de trouver une solution. Mais cela demande un long processus de traitement de l'information dont la moindre distraction viendrait perturber l'éventuelle décision.

Pour les auteurs[1] d'une étude menée à l'Université de Virginie, cette perspective remet en question des approches courantes du traitement de la dépression en psychothérapie. Leur hypothèse est la suivante : si l'on regarde l'humanité dans une logique évolutionniste, la dépression pourrait être une réponse d'adaptation ; soumis à des problèmes de plus en plus complexes, nous devons bien trouver le moyen de nous y adapter ! La dépression servirait alors à nous protéger des changements et des perturbations extérieures pour continuer à tenter de résoudre nos problèmes. Nous serions obligés de réfléchir sans cesse et, par conséquent :

- le traitement de l'information serait focalisé sur le problème à résoudre ;
- l'anhédonie, le désir pour la distraction et le plaisir, serait réduite ;
- des changements psychomoteurs apparaîtraient pour diminuer l'exposition à des stimuli extérieurs.

Nos capacités de traitement de l'information étant limitées, tout le potentiel est accaparé par la rumination. La focalisation sur le problème initial à résoudre empêche toute concentration sur une autre tâche. Ce style de pensée est souvent très analytique : nous découpons un problème complexe en éléments plus petits et les considérons un à un. Ce découpage et ces multiples microanalyses nous maintiennent dans la rumination.

Une telle hypothèse offre une nouvelle lecture des symptômes de la dépression[2]. Puisque l'analyse du problème doit

1. Paul W. Andrews et J. Anderson Thomson Jr : « The bright side of being blue: Depression as an adaptation for analyzing complex problems », *Psychological Review*, n° 116, 2009.

2. Le docteur S. Mouchabac en fait une remarquable synthèse dans son article : « La dépression, évolution ou révolution ? », *Neuropsychiatrie : tendances et débats*, n° 29, 2006.

être ininterrompue, nous devons nous isoler sous peine d'être distraits ou de devoir porter notre attention ailleurs, nous ne nous autorisons aucun plaisir, la sexualité ou toute autre forme de plaisir pourrait nous éloigner de nos préoccupations. Notre alimentation est perturbée : l'activité d'alimentation et masticatoire entrave la capacité du cerveau à traiter l'information. De même, notre sommeil est perturbé, dormir serait une perte de temps !

Finalement, ces signes dépressifs pourraient être considérés comme un signal adressé par l'individu à son groupe. Celui-ci demanderait de l'aide à sa communauté, laquelle devrait lui répondre sous peine d'un déséquilibre social.

## Qu'est-ce qui ne fonctionne plus comme avant ?

La dépression apparaît à la suite d'un événement de vie difficile : la personne n'a pas été en mesure de s'adapter, de faire face. Ce qui conduit à penser que, si l'accumulation de stress devient impossible à supporter, alors la dépression devient la seule issue. Les mécanismes par lesquels le stress peut dérégler le cerveau sont connus (voir p. 81). En réalité, les personnes dépressives ne sont pas obligatoirement les plus stressées. En revanche, elles présentent une vulnérabilité individuelle accrue au stress.

La dépression surviendrait en réaction après un stress prolongé, non pas en termes quantitatifs mais qualitatifs. Chez certains individus, tel ou tel événement est susceptible de déclencher du stress et de la dépression alors qu'il passerait inaperçu chez d'autres. Cette variation interindividuelle pourrait aussi avoir lieu sur le plan neurobiologique : il pourrait exister des organisations défaillantes du cerveau chez certains, et pas chez d'autres, ce qui donnerait lieu à des réactions au stress différentes. Les recherches de neurobiologie se penchent aujourd'hui activement sur le sujet…

L'une des particularités de la dépression est terrible : le grand dépressif veut mourir. Il n'est pas possible de modéliser ce désir de mort : aucune molécule ou fonction ne peut expliquer ce phénomène. Les chercheurs pensent que cette envie de disparaître serait l'aboutissement de l'extinction de tous les plaisirs (être avec ses proches, manger, dormir...). L'esprit du sujet est accaparé à vérifier sans cesse qu'il est nul ou indigne.

**Pour mieux se connaître :**
**Repérer ses pensées dysfonctionnelles**

Une personne en dépression n'accepte pas les choses telles qu'elles sont et rumine pour tenter de les modifier. Dès les années 1960, le psychiatre américain Aaron Beck relève que les sujets souvent abordés par les personnes dépressives sont la perte, l'échec, la dévalorisation et le rejet. Il a demandé à ces patients de repérer quand de telles pensées surviennent. Puis il a établi différentes façons de traiter l'information, ce qu'il a nommé les « distorsions cognitives ». Ces pensées dysfonctionnelles maintiennent les émotions négatives, donc la dépression, l'anxiété et le trouble de la personnalité. Vous sont-elles familières ?

- La pensée en tout ou rien. C'est penser de façon dichotomique, sans aucune nuance : « Ma performance n'était pas à la hauteur, je suis nul. »
- L'inférence arbitraire. C'est tirer des conclusions hâtives, la plupart du temps négatives, en particulier sur la pensée d'autrui : « C'est sûr, ce collègue me trouve nul ! »
- La surgénéralisation. C'est tirer une conclusion sur la base d'un seul incident : « J'ai raté mon permis, je ne conduirai jamais ! »
- L'abstraction sélective. C'est filtrer les détails pour ne retenir que les négatifs : « J'ai mal répondu à une

question du code, j'ai gâché toutes mes chances d'obtenir mon permis. »

- La personnalisation. C'est centrer la causalité d'un événement sur soi : « Si les objectifs de l'équipe ne sont pas atteints, c'est à cause de moi. »

Voilà la ou plutôt les façons dont nous pouvons interpréter des faits. Typiquement, lorsqu'un adolescent rapporte un bulletin scolaire désastreux au premier trimestre, le parent dépressif va penser : « C'est de ma faute, son avenir est fichu, il va redoubler… » Le parent qui n'est pas dépressif pensera peut-être : « Il n'a pas assez travaillé, on va lui trouver un prof, il se rattrapera au prochain trimestre… » L'événement est le même, mais, dans le premier cas, il est déformé par des distorsions cognitives, et, dans le second, analysé avec davantage d'objectivité. Cette déformation produit des émotions et des comportements qui tirent vers le bas.

★ Chloé, 16 ans, écrit dans son journal avant de commencer une thérapie de pleine conscience :
« J'ai vraiment l'impression de ne pas servir à grand-chose dans ce monde. Je suis trop différente des autres. Hier, mon père m'a imprimé un document sur le caractère paranoïaque, et je crois que je ne me suis jamais autant reconnue. Je suis définitivement paranoïaque. Mais le fait de le savoir me rend encore plus folle… Je ne suis pas aimée comme je le voudrais, à part mes parents, je suis toujours un 3e ou un 4e choix. Je ne compte pour personne. S'il m'arrivait quelque chose de grave, personne ne serait particulièrement touché. Parfois, j'aimerais essayer… Pour voir, pour voir si quelqu'un réagirait, et surtout qui.
Je hais tout le monde, alors qu'en même temps je les adore. Pendant plusieurs semaines, j'ai pensé tomber amoureuse de quelqu'un d'extraordinaire. Mais maintenant, soupçonnant qu'il m'aime en retour, je me dirige vers quelqu'un d'autre. Et lui est inaccessible. Je sais que cela n'arrive pas qu'à moi, que je ne suis pas si différente… Mais pourquoi ? Pourquoi, parmi tous mes proches, personne n'est vraiment comme moi ? Ou au moins un peu ? Je ne sais pas, j'ai l'impression d'être une extraterrestre, un être quasi invisible. Ça donne vraiment envie de partir pour de bon.

J'ai aussi l'impression d'être bipolaire. J'ai recherché beaucoup de choses sur cette maladie, et, même si je ne le montre pas forcément, mon humeur peut changer très rapidement. Hier, par exemple, j'étais vraiment heureuse. Je n'aurais jamais pu écrire tout cela. Demain, peut-être, quand je relirai ce texte, je rigolerai et je voudrai l'effacer. Je ne sais pas... Je suis très étrange, et en même temps pas tant que ça. À l'intérieur, oui, je suis bizarre. Je pense à mille choses à la fois, je pense trop et tout le temps, je ne peux jamais rester tranquille. Mais à l'extérieur, j'ai quand même l'impression d'être normale, ordinaire. Ce que les gens pensent de moi, j'y réfléchis tout le temps. Chaque fois que je parle ou que je regarde quelqu'un, j'ai l'impression de savoir ce qu'il pense. Le pire, c'est que j'ai souvent raison. Je l'apprends plus tard, à un moment ou un autre... Souvent, j'essaie de détecter tout ce que les gens imaginent, pourquoi ils réagissent de telle façon. C'est très intrigant mais aussi très fatigant. Ça prend un peu la tête...
Il y a longtemps, j'ai compris pourquoi je n'arrivais pas à rester concentrée sur un livre, sans bouger, ou me ronger les ongles, sans rien faire à part lire. C'est tout simplement parce que je pense tout le temps. Je suis tout sauf zen et je n'ai jamais réussi à me relaxer complètement. Je suis super-stressée mais ça me stimule. Si je ne suis pas stressée, ça veut dire que je n'ai pas de but, et c'est horrible. Bref, je suis quand même assez étrange, mais la chose qui me perturbe le plus c'est cette histoire de paranoïaque. Parce que, d'après le document, je suis l'exemple typique. Je l'ai relu au moins 10 fois. Et à chaque fois, ça me paralyse parce que je me reconnais. »
Après avoir écrit ces mots, Chloé commence une session de huit semaines pour se former à la pleine conscience. En isolant ses pensées dysfonctionnelles, elle met en lumière ce qui la tire vers le bas. Elle découvre et repère ses sensations corporelles, elle lâche prise sur ses difficultés. Peu de temps après, elle est reçue à un concours de piano. Elle qui tétanisait à l'idée de devoir jouer devant un public...

## Soigner la dépression

Les médicaments psychotropes ont mauvaise réputation. Tapez « psychotropes » dans n'importe quel moteur de recherche sur Internet et vous y verrez associer toutes sortes de drogues ! Les personnes dépressives redoutent de prendre des médicaments. Pourtant, la dépression est une pathologie authentique.

Ils ne l'ont pas achetée dans un magasin, elle leur est tombée dessus. Ce n'est pas une option, ni un choix délibéré.

Si nous souffrons d'un ulcère à l'estomac, nous ne culpabilisons pas : « Il faut que j'arrête d'avoir un ulcère à l'estomac ! » Et notre entourage ne peut pas nous en faire le reproche. Nous prenons un traitement, faute de quoi nous aurons un trou dans l'estomac. Pour la dépression, c'est pareil. Ne pas soigner une dépression, c'est prendre le risque de la voir évoluer en maladie, devenir chronique, avec tous les effets collatéraux sur une vie intime, de couple, familiale, professionnelle et sociale.

Quand les personnes qui soignent leur diabète prennent un traitement, personne ne va aller dire qu'ils sont dépendants de l'insuline ! Et pourtant ils le sont davantage que les patients sous psychotropes. Si le diabétique ne fait pas ses injections d'insuline, il risque le coma… Nous sommes devant un paradoxe, à la fois nous refusons ou sommes réticents à prendre un traitement contre la dépression, alors que l'humanité se sert de psychotropes depuis des milliers d'années. Finissons-en avec les idées reçues, c'est ce que suggère aussi Alex S. Pang ! Les drogues psychoactives accompagnent l'humanité depuis 12 000 ans, depuis le début de l'agriculture. Dans leur état naturel, la coca et le khat ont de faibles effets. Ils ont aidé les premiers hommes à chasser et à masquer la faim.

Depuis 10 000 ans, en Asie, les populations mâchent des noix de bétel pour se stimuler. Le cannabis et l'éphédrine sont cultivés par les fermiers chinois depuis 4000 avant J.-C. Au même moment, les Européens faisaient pousser du pavot d'où dérive l'opium. 2 000 ans plus tard, la nicotine et les hallucinogènes alcaloïdes sont utilisés au Moyen-Orient. Le cannabis part de Chine pour traverser l'Asie centrale, l'Inde et arriver en Afrique ; l'opium, lui, fait le chemin inverse. Aux Amériques, les « plantes des dieux » donnent des altérations de la conscience. Les peuples des Andes préparent des boissons hallucinogènes. Le cactus San Pedro et les champignons hallucinogènes viennent compléter le tableau. Les psychotropes sont des « amis fidèles » de l'homme, l'alcool et le tabac sont le quotidien de beaucoup d'entre nous. Mais dès qu'il s'agit d'antidépresseurs, les donneurs de leçon s'arc-boutent !

Pourtant, la dépression doit être soignée. Les classes thérapeutiques des antidépresseurs sont essentiellement des inhibiteurs de la recapture de la sérotonine. Dès lors qu'il est indiqué (ce qui n'est pas toujours le cas), le traitement antidépresseur doit durer six mois, selon les recommandations. Le dernier mois, il est prescrit à demi-dose, puis arrêté. Il n'existe ni dépendance ni nécessité d'augmenter les doses pour voir l'effet se maintenir. Quelques symptômes physiques peuvent apparaître en début de traitement ou lors du sevrage.

**Pour mieux se connaître :**
**Les signes d'alerte de l'épisode dépressif**

Voyez si l'un ou l'autre de ces symptômes vous sont familiers, ils sont les critères diagnostiques du DSM IV[1] :

- humeur dépressive, toute la journée ou presque, tous les jours ou presque, signalée par le sujet lui-même (il se sent triste ou vide, par exemple) ou observée par les autres (il pleure, par exemple) ;
- diminution marquée de l'intérêt ou du plaisir pour toutes les activités ou presque, toute la journée ou presque, tous les jours ou presque (signalée par le sujet ou observée par les autres) ;
- perte ou gain de poids significatif en l'absence de régime (par exemple, modification du poids corporel de plus

1. *Diagnostic and Statistical Manual of Mental Disorders (DSM IV*–1993) de l'Association américaine de psychiatrie.

de 5 % en un mois) ou diminution ou augmentation de l'appétit tous les jours ou presque ;
- insomnie ou hypersomnie tous les jours ou presque ;
- agitation ou ralentissement psychomoteur tous les jours ou presque (constaté(e) par les autres, non limité(e) à un sentiment subjectif de fébrilité ou de ralentissement intérieur) ;
- fatigue ou perte d'énergie tous les jours ou presque ;
- sentiment de dévalorisation ou de culpabilité excessive ou inappropriée (qui peut être délirante) tous les jours ou presque ;
- diminution de l'aptitude à penser ou à se concentrer, ou indécision, tous les jours ou presque (signalée par le sujet ou observée par les autres) ;
- pensées de mort récurrentes (pas seulement la peur de mourir), idées suicidaires récurrentes, ou tentative de suicide, ou plan précis pour se donner la mort.

Et vous ? Quelle est votre expérience ?

.................................................................................

.................................................................................

Surtout, pas de panique. Sans être dépressifs, nous avons tous, certains jours, des idées noires. Nous éprouvons parfois certains des symptômes précités, telles ou telles pensées automatiques nous déstabilisent. L'objectif de cet exercice est de mieux vous connaître et de vous permettre de déceler la dépression si un jour celle-ci s'immisce dans votre vie.

En revanche, si vous soupçonnez aujourd'hui un état dépressif, il est urgent que vous preniez soin de vous. Contactez un professionnel de santé qui pourra vous aider à traverser cette période douloureuse. La dépression n'est pas une tare, c'est une maladie.

*→ L'apport de la pleine conscience*

Puisque le sujet dépressif rumine, et qu'il ne peut s'empêcher de le faire, il a besoin d'apprendre à sortir de là ! S'il parvient à s'extraire de la rumination, il pourra agir différemment et diriger à nouveau son esprit sur ce qu'il aime faire. Le programme de MBCT a été validé dans la prévention de la rechute de la dépression. Il est aussi efficace qu'un traitement antidépresseur ; en effet, le taux de rechute est moins important avec la méditation qu'avec les médicaments. Quel formidable soulagement pour ceux et celles qui n'avaient plus d'espoir...

Les thérapies cognitives et comportementales apprennent à repérer les pensées, les émotions et les sensations corporelles qui engendrent tel ou tel comportement. La pratique de la pleine conscience apporte un plus : elle apprend à la personne à sortir de ses ruminations. Ces pensées négatives qui tournent en boucle nous « prennent la tête ». Puisque nos capacités mentales sont limitées, les ruminations accaparent tout l'espace. Nous ne pouvons plus réfléchir à autre chose. Inconsciemment, nos neurones sont capturés par la rumination. On nous vole nos possibilités de penser ! L'image de l'ordinateur qui rame parce que le processeur est occupé à autre chose illustre parfaitement notre indisponibilité : nous ne sommes pas assez disponibles parce qu'accaparés à penser et repenser encore à une situation, un problème, une difficulté.

Voyons ce qu'il en est de notre cible et de notre espace psychique.

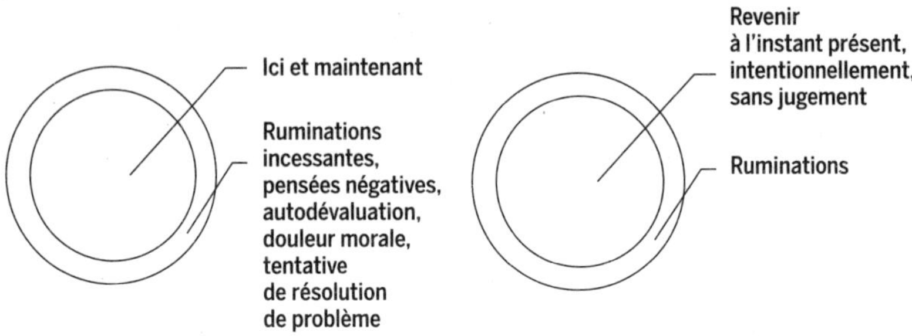


Plus les ruminations occupent l'esprit et tentent de changer les choses, plus nous sommes perdus dans nos pensées, moins nous sommes présents. Le sommeil est moins bon parce qu'il « faut penser ». Les plaisirs sont supprimés parce qu'il « faut penser ». L'alimentation ou la vie sociale sont mises de côté parce qu'il « faut penser ».

Mais si nous nous entraînons à laisser de côté les ruminations, alors le présent, sans jugement, reprend peu à peu de la place. Notre objectif, en pleine conscience, est d'apprendre à repérer des états d'esprit caractérisés par les schémas de pensées négatives pour ensuite nous en libérer. Plus de présence ici et maintenant c'est moins d'espace psychique disponible pour les ruminations.

Évidemment, ces pensées peuvent revenir fréquemment, ce qui nous entraîne vers le bas et finalement déclenche la rechute. Nous possédons une sorte de sentinelle : le « processus de contrôle des divergences ». Il sert à nous dire « Attention ! Les choses ne tournent pas comme prévu ! » Il nous permet de déceler un écart entre la situation attendue et la situation réelle. Le *hic* est qu'il donne du carburant aux ruminations. Comme lorsque nous sommes confrontés à une incivilité et que nous passons les deux jours suivants à ruminer, en essayant de comprendre pourquoi un tel événement est arrivé, pourquoi il nous a tellement désarçonnés et pourquoi… Plutôt que de passer à autre chose.

En conclusion, nos trois buts fondamentaux sont :

- devenir volontairement plus conscients que, à chaque instant, nous avons des « pensées-émotions-sensations corporelles » ;
- changer la relation aux « pensées-émotions-sensations corporelles » désagréables, sans les fuir, en les acceptant, c'est-à-dire en décidant de les laisser faire, de ne pas lutter stérilement ;
- devenir capables de choisir la réponse la plus adaptée aux « pensées-émotions-sensations corporelles » qui se présentent.

**Pour mieux se connaître :**
**Quelles sont vos ruminations ?**

Listez les préoccupations ou les ruminations qui encombrent votre mental et qui, parfois, peuvent prendre toute la place.

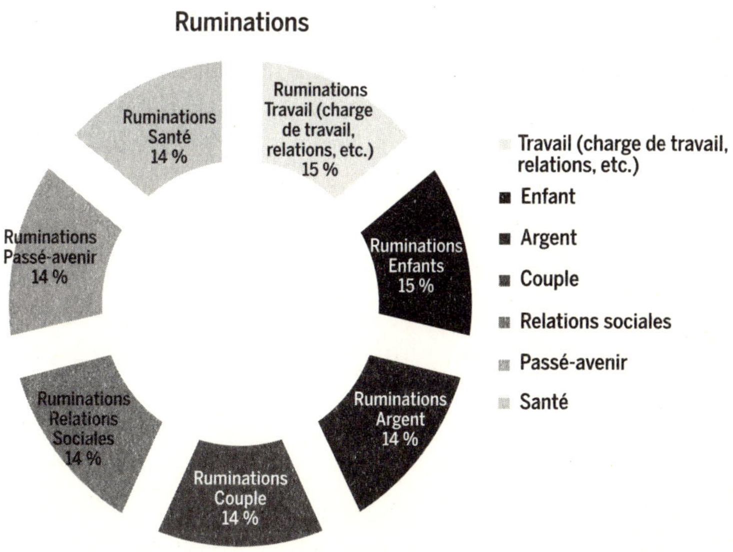


Vous savez désormais sur quoi travailler en priorité !

## EXERCICE : Méditation de la montagne

7

⏲ **20 minutes**

✓ Prenez place comme pour une méditation assise. Prenez le temps de vérifier votre posture, digne et droite.

✓ Visualisez une montagne que vous aimez ou imaginaire. Détaillez la cime, les flans, la base de cette montagne.

✓ Peu à peu, faites comme si vous étiez cette montagne. Votre tête est le sommet, les flans, vos côtés, votre assise est sa base.

✓ Ressentez la force de cette montagne, de la roche. Observez les phénomènes météorologiques qui passent sur elle comme vous observez les phénomènes psychiques qui vous traversent l'esprit. Vous, vous êtes toujours là, solide comme la montagne.

✓ Les saisons, la pluie, le vent, la grêle, le gel, les bourrasques, les giboulées sont désagréables sur la montagne. Mais vous savez que ça ne dure pas et que la solidité de la montagne ne risque pas d'en être affectée.

✓ Restez une dizaine de minutes à vous exercer avec la force et l'impassibilité de cette montagne.

### Fondamental : Repérer les moments difficiles et avoir un plan d'action

Apprenons à satisfaire nos besoins, à nous « nourrir » correctement. Pour réguler nos états d'âme, rien de plus efficace qu'une prise de conscience : Qu'est-ce qui, dans notre quotidien, nous fait du bien, nous donne de l'énergie, nous ressource ? Savoir quelles sont ces activités positives nous permettra de surmonter des moments plus difficiles. En effet, si nous y avons recours quand tout va bien, nous pourrons les utiliser quand tout va mal, quand des pensées dépressives nous polluent l'esprit.

Faire du sport, de la marche, du stretching, du yoga nous permet de prendre soin de notre bien-être physique et mental. En période de dépression ou de stress, ces activités, qui font déjà partie de nos habitudes, sont d'un grand secours. De même, les quelques minutes pour faire face nous permettent d'affronter les humeurs négatives.

**Pour mieux se connaître : L'activité ressource**

Cet exercice vous invite à découvrir LÁ pratique qui vous fait du bien, celle à laquelle vous pourrez recourir en cas de coup dur ou d'humeur écrasante.

Prenez un moment pour vous poser et faites l'exercice Quelques minutes pour faire face (p. 113).

Choisissez une activité qui vous fait du bien et à laquelle vous pourriez vous atteler en pleine conscience, en devenant témoin de vous-même. Soit une activité qui vous ressource comme, par exemple, prendre un bain, regarder un film avec votre conjoint, commander une pizza avec les enfants, téléphoner à un ami, cuisiner, écouter de la musique, vous offrir un massage, etc. Soit une activité qui vous procure un sentiment de maîtrise et de contrôle, comme, par exemple, ranger un tiroir, prendre un rendez-vous, faire une petite tâche dans le jardin, changer une ampoule, effectuer une démarche administrative, etc. Certes, l'activité n'est pas très glamour mais, grâce à elle, vous avez l'impression de reprendre un peu les commandes !

Plongez dans l'activité choisie en pleine conscience : découpez les actions les unes après les autres, comme pour l'exercice du grain de raisin sec (p. 72), appréhendez-les avec vos cinq sens.

Et vous ? Quelle a été votre expérience ?

.....................................................................................

.....................................................................................

Profitez de cette activité en pleine conscience, sans faire d'hypothèses sur l'état dans lequel vous serez après. Gardez en tête que ce que vous êtes en train de faire est utile d'une manière ou d'une autre. Observez les pensées négatives « Ça ne sert à rien » ou « Je ne vais jamais y arriver » qui surgissent encore et encore, mais laissez-les tranquilles. Lorsque nous sommes contrariés, nous pensons et repensons, nous nous éloignons du plaisir et nous enfermons plus encore. Osez le contraire ! Optez pour des activités qui vous ouvrent sur l'extérieur. Tâchez aussi d'aller jusqu'au bout de ce que vous avez entrepris. Pour cela, choisissez une activité réaliste et faisable, pas quelque chose qui risque de vous « mettre la pression » !

Utilisez cette activité ressource quand l'humeur est écrasante. Un changement d'état d'esprit peut être brutal. Tout à coup, vous êtes submergé par des idées très noires. Mais dites-vous : « Ce n'est pas parce que je suis déprimé que je vais le rester. » Les modes de pensées qui tirent vers le bas sont des mécanismes que vous avez déjà éprouvés. Vous savez que la généralisation (« Rien ne va jamais »), l'attribution de la cause (« C'est de ma faute ») ou encore la maximisation du négatif (« Je n'ai que des défauts ») vous font tourner en rond et sabotent votre volonté d'agir. Les ruminations se mettent en place, et vous avez la nette impression que la situation va perdurer.

Ces symptômes sont habituels, mais, désormais, vous pouvez en être témoin et ne plus y répondre. Ce qui change tout ! Les clignotants de l'humeur négative s'allument, mais vous savez qu'il est temps de prendre soin de vous. Avant d'arriver à la panne, vous pouvez démarrer votre activité ressource pour traverser ce moment difficile.

**À retenir**

- La dépression est une maladie à part entière, qui se caractérise par une humeur triste et une perte de plaisir.
- Elle survient parfois en réaction après un stress prolongé, non pas en termes quantitatifs mais qualitatifs.
- Les distorsions cognitives, ces façons de penser négatives, produisent des émotions et des comportements qui tirent vers le bas.
- Les personnes dépressives pensent intensément à leurs problèmes. Elles ruminent sans cesse, analysent les faits, réfléchissent à la situation pour tenter de la résoudre. Elles n'ont le temps pour rien d'autre.
- La pleine conscience permet de s'extraire de la rumination, de libérer de l'espace psychique pour y remettre de la vie.

# Veillez sur votre santé

**Psychologiquement, vous allez bien. Mais physiquement, vous êtes en petite forme… Ce chapitre vous permettra de mieux comprendre les bienfaits de la pleine conscience sur la santé.**

Actuellement, la méditation est en plein essor. On vante ses avantages sur l'humeur, sur les relations, les performances au travail, la mémoire. Elle apporte aussi de nombreux bénéfices pour la santé. Si le bien-être psychologique est au cœur de notre objectif, la pratique apporte des changements physiologiques et biologiques. C'est d'ailleurs par-là que tout a commencé, à la clinique du stress de l'Université du Massachusetts.

Les premières études sur les effets du stress sur la santé sont assez anciennes. Dans les années 1970, la psychoneuro-immunologie (PNI) voit le jour. Cette approche concrétise l'idée de ne plus distinguer le corps de l'esprit alors que la médecine occidentale avait jusqu'alors tendance à ne pas relier l'état psychologique du sujet avec ses troubles physiques.

En cas de stress ou de danger, des réactions en cascade s'enchaînent. Notre capacité à les réguler dépend de facteurs extérieurs et internes. Les réactions biologiques au stress produisent des hormones qui interagissent avec tout notre organisme, et notamment notre système immunitaire qui sert à nous défendre contre l'infection et la maladie. Ce système de défense est en lien avec notre système nerveux autonome. Or, le stress induit un déficit immunitaire. En effet, face à un danger, notre corps réagit de façon archaïque, comme si notre vie en dépendait.

Depuis le paléolithique, nos réactions sont les mêmes. Tout le sang et toute l'attention de celui qui se sent en danger sont dirigés vers les organes qui doivent aider au combat.

Nous l'avons vu précédemment, la méditation diminue le stress, lequel – un nombre important d'études scientifiques l'a montré – engendre des lésions au niveau des gènes. La question maintenant est de savoir si la pleine conscience peut « réparer » ces dommages.

## Diminuer l'inflammation

Pour commencer cette exploration de l'organisme, partons du côté de la génétique. L'Université de Wisconsin Madison a étudié l'impact d'une journée intensive de méditation chez des sujets expérimentés. Pour cela, 19 volontaires, tous méditants de longue date, ont effectué une session de 8 heures pendant que 21 autres participants s'occupaient à des activités de loisirs dans le même environnement. Des échantillons de sang ont été prélevés, avant et après la session, sur chacun des bénévoles. Dès la huitième heure, des modifications biologiques sont apparues chez les méditants : l'expression de certains gènes, tous liés à l'inflammation, avait été réduite. Or, leur niveau dans l'organisme a des conséquences.

Une autre étude a établi un lien intéressant : quand le niveau de ces gènes est relativement bas, alors nous vivons mieux le stress. Notre taux sanguin de cortisol, l'hormone associée au stress, revient plus rapidement à la normale après un épisode stressant. Chez les personnes qui pratiquent la méditation, on constate donc des variations rapides de l'expression des gènes de l'inflammation, des histones désacétylase (HDAC).

Bien que certains puissent trouver le lien entre méditation et génétique un peu « tiré par les cheveux », de nombreuses recherches montrent que la relation de cause à effet est bien réelle. Le stress aigu et le stress chronique influent directement sur les réactions inflammatoires. Trouver des facteurs comportementaux qui peuvent limiter l'inflammation est maintenant envisageable avec la méditation. Cette découverte est prometteuse puisque l'inflammation chronique est à l'origine de maladies comme la polyarthrite, l'asthme, les maladies cardiaques ou le cancer. Sans oublier un « mal » qui nous concerne tous : le vieillissement.

## Augmenter l'immunité

La télomérase, qui décroît sous l'effet d'une détresse psychologique prolongée, est un bon indicateur de la survie des cellules. Cette protéine sert à réparer les molécules d'ADN lorsque la cellule se divise pour se reproduire. Une petite explication s'impose ! Les chaînes d'ADN sont notre capital génétique. À chaque renouvellement cellulaire, la cellule se divise en deux, et le capital génétique aussi. À force de se diviser, le télomère, qui est l'extrémité de la molécule, peut être abîmé ou raccourci. Jusqu'au moment où cette extrémité est trop endommagée : c'est le signal de la fin de la cellule. La télomérase entre en jeu et sert à réparer cette extrémité. Donc, plus elle travaille bien, plus la longévité de la cellule augmente. Lorsqu'on la dose dans les globules blancs périphériques, elle est un bon indicateur de notre santé.

Une formidable étude[1] de trois mois a été menée à ce sujet. Certains participants devaient méditer 6 heures par jour. L'activité périphérique de la télomérase est apparue en hausse chez les méditants alors que pour le groupe contrôle elle restait stable. Il a également été observé une augmentation des cellules NK (*natural killers*), une catégorie de globules blancs servant à notre défense. À un certain moment de la réaction inflammatoire, ces cellules du système immunitaire se transforment et offrent ainsi une meilleure résistance aux maladies.

1. Réalisée par l'Université de Californie Davis.

Le stress, par l'avalanche de réactions biologiques qu'il induit, peut déclencher des syndromes inflammatoires, à l'origine de nombreuses maladies. L'Université de McGill a étudié l'effet d'un programme de pleine conscience sur le psoriasis. Dans cette maladie de la peau, la multiplication des cellules de l'épiderme se fait en quantité trop grande. Les chercheurs ont proposé à un groupe de patients d'associer leur traitement habituel à la pratique de la méditation. Résultat : une diminution significative du développement des cellules du psoriasis.

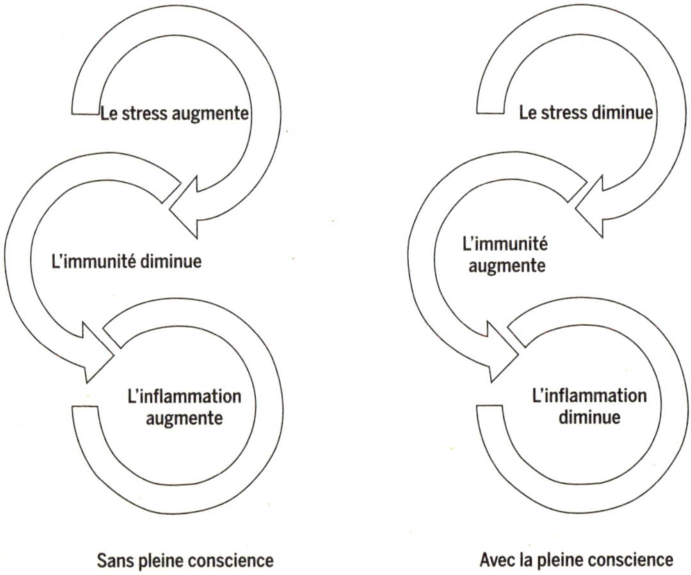


## S'engager pour lutter contre son cancer

★ Les médecins ont diagnostiqué chez Jérôme, un homme de 45 ans, un lymphome, un cancer du système lymphatique qui atteint les ganglions. Dans son cas, ce sont ceux du thorax qui sont touchés. Ce type de cancer est inopérable. En revanche, Jérôme reçoit une chimiothérapie pendant six mois, à raison d'une injection par semaine, trois semaines sur quatre. Tout, dans sa vie, allait bien jusqu'au jour où il a senti ce ganglion gonflé dans le cou. Sa femme l'aimait, son travail était intéressant, ses trois enfants faisaient sa joie. Au

début, Jérôme pensait simplement qu'il s'était coupé en se rasant ! Puis, constatant toujours la présence du ganglion, il est allé consulter son médecin. Le premier bilan sanguin a annoncé le verdict... En traversant toutes les étapes de ce cancer, la ponction-biopsie, le scanner, les consultations, Jérôme prend conscience des valeurs qui lui tiennent vraiment à cœur. Si ses jours sont comptés, il lui faut vivre dans l'instant présent.
Il décide de prendre part à son traitement et entame des recherches sur Internet. Il n'a pas l'idée de contredire l'équipe médicale de l'hôpital, non ! Il cherche ce qu'il peut faire « en plus »... La méditation de pleine conscience entre dans sa vie à ce moment-là. Il change son alimentation et se remet au sport avec un groupe de patients atteints de cancer – il n'a pas encore assez de force pour le tennis entre copains. Les séances de chimio le lessivent. Il met toujours plusieurs jours à s'en remettre. Il reprend aussi son travail, mais s'y attelle dès qu'il le peut en restant à la maison. Les dîners, les sorties sont mis de côté : le rôle social qu'il croyait devoir jouer n'est plus de mise. Il simplifie sa vie pour « être » dans l'instant présent. Ses amis, les vrais, l'entourent, le soutiennent. Sa relation à ses enfants change radicalement : Jérôme est là, vraiment là, il est présent quand il leur parle, éteint son ordinateur quand il regarde leurs devoirs. Quand il est avec eux, il l'est pleinement.
Deux ans ont passé, la maladie est *a priori* derrière lui. Bien sûr, il y a encore les dosages sanguins, la surveillance à l'hôpital. Mais cet épisode terrible lui a permis de s'interroger sur ce qui était essentiel à sa vie... et tout ce qui ne l'était pas. Ses certitudes, ses croyances ont été bousculées tant par la maladie que par la pratique de la pleine conscience. La méditation l'a aidé à traverser les moments de doute, l'inconfort et la douleur physique. Souvent, il dit se recentrer « Là-tout de suite-maintenant, ça va ! ».

L'idée du lien entre le stress, l'inflammation et l'immunité nous amène à établir un lien entre le stress et le cancer. Rappelons-nous le syllogisme : « Tous les hommes sont mortels ; or Socrate est un homme, donc Socrate est mortel. » Il en va de même pour le stress : celui-ci induit une inflammation ; l'inflammation diminue nos défenses ; notre fragilité permet aux cellules cancéreuses de se développer. Ce qui reviendrait à dire que le stress favorise le cancer.

Cette hypothèse ravive l'éternel débat : certains affirment que l'origine du cancer est liée au stress psychologique. Il ne faut pas laisser dire une chose pareille ! C'est très culpabilisant pour le malade : parce qu'il ne sait pas gérer son stress, il ne sait pas lutter contre la maladie, ni prendre soin de lui ? Comment peut-on associer le cancer à une faiblesse psychologique ? Comment peut-on considérer une personne défaillante et supposer qu'elle aurait contribué à sa maladie ? Hélas ! c'est une croyance tenace… Cette conviction erronée, si elle s'installe, stresse encore plus le malade !

L'annonce d'un diagnostic de cancer fait basculer toute une vie. Les certitudes antérieures sont balayées, les doutes s'installent… Il y a un invité de plus à la maison, à table, au bureau, dans la nuit, c'est la peur. Il faut apprendre à ne pas la fuir, à la regarder en face. Peut-être aussi à l'exploiter : Que nous apprend-elle sur nous-mêmes ? À quoi va-t-elle nous servir, si tant est qu'elle nous serve à quelque chose ? Dans le passé, elle nous a protégés du danger ; mais maintenant où est-il vraiment ce danger ?

La méditation aide considérablement à « voir » la peur. Nous pouvons apprendre à la considérer comme une alerte du corps ; elle nous est utile puisqu'elle nous dit que quelque chose ne va pas. Cependant, là, dans l'instant présent, nous pouvons l'accueillir, la laisser être, ne pas la fuir. Que devient la maladie s'il n'y a plus la peur, l'anticipation ou la rumination ?

Si le patient est convaincu qu'il va mourir ou que le pire est à venir, l'impression d'être impuissant s'installe. Il cesse alors de lutter. Toutes les informations positives qui lui permettraient d'espérer, d'être rassuré, sont mises de côté. À l'inverse, s'il est persuadé qu'il va dépasser la maladie, alors ses chances de s'en sortir augmentent. Plus nous nous laissons envahir par les ruminations ou l'anticipation du pire, la peur, la douleur, moins nous sommes présents. La maladie est une étape charnière dans la vie. C'est le bon moment pour se libérer des pensées négatives et toxiques, pour mobiliser une perspective optimiste et cohérente, autoefficace, engagée. La peur de la maladie et de la mort nous fait ruminer et anticiper ce qui n'est pas encore arrivé. La pleine conscience nous aide à profiter de chaque instant. Reprenons notre métaphore de la cible :

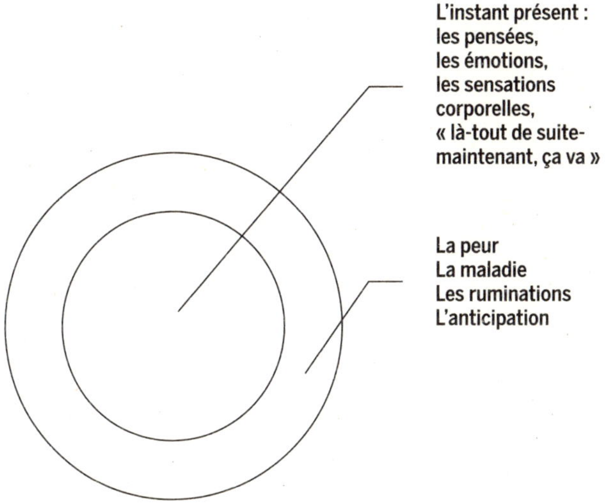


La méditation n'est pas un médicament : elle nous aide à lutter mais ne soigne pas le cancer. La médecine comportementale n'exclut pas la médecine allopathique. La pleine conscience est un excellent adjuvant mais certainement pas un traitement contre la maladie !

### Exercice
## La marche en pleine conscience

🕒 **10-15 minutes**

✓ Choisissez un endroit où vous pouvez aller et venir tranquillement, sans crainte d'être observé. Cela peut être à l'intérieur ou à l'extérieur.

✓ Tenez-vous debout. Vos pieds sont parallèles, écartés de la largeur du bassin, les bras pendant de part et d'autre du corps, et vous regardez devant vous.

✓ Focalisez-vous sur vos plantes de pied et la manière dont votre poids se répartit sur les deux jambes. Faites quelques mouvements légers de flexion des genoux pour vérifier votre ancrage dans le sol.

✓ Commencez par déporter votre poids sur une jambe : voyez comme l'équilibre se modifie. Soulevez le talon de l'autre jambe et observez tous les muscles qui se mettent en mouvement. La plante du pied quitte le sol, puis le pied se soulève, la jambe se lève vers l'avant.

✓ Reposez le talon au sol, puis la plante du pied, et reportez le poids du corps sur cette jambe. Remarquez encore tous les muscles en mouvement, dans le bas du dos, dans les cuisses, les jambes…

✓ Le poids du corps est maintenant entièrement transféré sur cette jambe avant. Vous pouvez laisser l'autre pied se lever. Déplacez-le lentement en avant, portez votre attention sur les changements de sensations physiques dans le pied et la jambe.

✓ Déplacez-vous ainsi tout doucement d'un bout à l'autre de votre parcours. Soyez particulièrement attentif aux sensations générées dans les plantes de pied et les talons quand ils reprennent contact avec le sol. Concentrez-vous aussi sur les muscles des jambes quand elles se dirigent vers l'avant.

✓ Faites quatre ou cinq pas, puis changez de direction ; remettez-vous dans l'instant présent à chaque changement de direction.

✓ Utilisez ces sensations, particulièrement celles des pieds au contact du sol, comme un ancrage pour renouer avec le moment présent, exactement comme vous le faisiez grâce à la respiration en méditation assise.

Et vous ? Quelle a été votre expérience ?
..........................................................................................
..........................................................................................

Au début, pour prendre pleinement conscience des sensations procurées par cette marche, déplacez-vous à un rythme plus lent que d'habitude. Lorsque vous marcherez avec l'attention souhaitée, vous pourrez expérimenter d'autres cadences. Si vous vous sentez particulièrement agité, vous aurez du mal à marcher doucement : commencez sur un rythme plus rapide, tout en étant attentif, puis ralentissez naturellement à mesure que vous vous calmez. Peu à peu, essayez de mettre un peu de marche en pleine conscience dans tous vos déplacements quotidiens, pour aller chercher le pain, revenir du parking, etc.

## Améliorer le sommeil

★ Françoise est assistante de direction. Elle souffre d'un trouble bipolaire avec des accès dépressifs. C'est pour réguler ses émotions qu'elle s'engage dans un programme de MBCT. Mais, à sa grande surprise, ses insomnies s'estompent peu à peu. Lors de ses réveils nocturnes, elle parvient à écouter son cœur battre, elle observe sa respiration. Ses pensées peuvent attendre le lendemain : elles les déposent sur la table de nuit. Deux ans après avoir suivi le programme, elle pratique la méditation régulièrement. Ses insomnies sont devenues rares.

L'insomnie chronique est un problème majeur de santé publique qui touche environ 10 % des adultes. La pratique de la pleine conscience est une approche efficace pour traiter ce type de trouble. Ses résultats sur le sommeil sont comparables à ceux de sédatifs mais en mieux : l'optimisation est plus durable et, surtout, sans effets secondaires.

Une étude[1] a été menée à ce sujet pour mieux comprendre le lien du sommeil et de la formation à la pleine conscience. Les participants ont dit qu'ils ne dormaient pas plus ; en revanche, ils reconnaissaient mieux dormir, se réveiller plus « frais », se sentir moins en détresse par rapport à l'insomnie, et surtout mieux à même d'y faire face quand elle survenait. Par ailleurs, ils se sont sentis plus motivés pour suivre les directives d'hygiène du sommeil. L'exercice du body scan (p. 69) a été identifié comme un outil efficace pour un rendormissement plus rapide. Pour les participants, la méditation était indispensable au maintien des progrès. Le sentiment d'être mieux physiquement et émotionnellement plus stables les incitait à poursuivre leurs efforts.

Les données ont été chiffrées par un agenda du sommeil, une actigraphie (enregistrant les mouvements pendant le sommeil) et des échelles d'autoévaluation. Et les résultats sont formels : la participation à un groupe de formation à la pleine conscience, combinée à des mesures hygiéno-diététiques du sommeil, constitue un traitement de l'insomnie chronique.

## Réguler les maladies cardio-vasculaires

Les premiers travaux dans ce domaine ont été menés par des cardiologues à la suite d'une observation intéressante : les personnalités de type A avaient davantage d'accidents cardiaques que les personnalités de type B. Un petit portrait de ces deux tempéraments s'avère ici nécessaire :

1. A. Hubbling, M. Reilly-Spong, M. J. Kreitzer, C. R. Gross, « How mindfulness changed my sleep: focus groups with chronic insomnia patients », *BMC Complement Altem Med.*, fév. 2014.

– Les **types A** sont dirigés par l'urgence, la compétition. Ils sont décrits comme agressifs, inamicaux et peu patients. Leur débit de parole et leurs gestes sont acerbes.
– Ceux qui ne sont pas de ce type sont qualifiés de **type B**. Ils sont plus doux, plus calmes.

Les chercheurs[1] ont remarqué que certaines dispositions d'esprit se montraient très toxiques vis-à-vis de la maladie coronarienne. La première étude portait sur 3 500 hommes. Ceux de type A témoignaient d'une grande méfiance vis-à-vis des autres et du monde, d'un pessimisme forcené. Or, ils présentaient des facteurs de risque important de cardiopathie. Les personnes de type B, plus optimistes, faisaient preuve de davantage de confiance.

La méditation, en invitant à la bienveillance et à l'absence de jugement quant aux relations et aux événements, permet de changer de perspective. Nous nous sentons moins en danger dans notre quotidien, donc moins stressés, donc moins sujets à une maladie coronarienne.

Par ailleurs, les facteurs de risques psychologiques, tels que l'anxiété et la dépression, ont été associés à la maladie coronarienne. Le stress favorise les facteurs de risque de la maladie, par exemple l'hypertension artérielle, l'inactivité physique et le surpoids. Une autre étude[2], menée en 2013, a examiné l'effet du programme MBSR dans quatre domaines : l'anxiété et la dépression, le stress perçu, la tension artérielle et l'indice de masse corporelle (IMC). 30 patients de sexe masculin, d'âge moyen (entre 30 et 65 ans), atteints de coronaropathie, ont été répartis au hasard en deux groupes. Le programme thé-

1. M. Friedman, C. E. Thoresen, J. J. Gill, L. H. Powell, D. Ulmer, L. Thompson, V. A. Price, D. D. Rabin, W. S. Breall, T. Dixon, « Altération of type A behavior and reduction in cardiac recurrences in postmyocardial infarction patients », *American Heart Journal*, n° 108, 1984.

2. M. J. Parswani, M. P. Sharma, S. Iyengar, « Mindfulness-based stress reduction program in coronary heart disease: A randomized control trial », *International Journal of Yoga*, n° 6, 2013.

rapeutique était composé de huit séances hebdomadaires pour le groupe MBSR et d'une séance d'éducation à la santé pour le groupe témoin. Les principaux critères d'évaluation étaient les suivants : des échelles de stress et de dépression, une échelle de stress perçu, la tension artérielle et l'IMC. Or, une réduction significative des symptômes a été observée chez les méditants : moins d'anxiété et de dépression, moins de stress perçu, moins de tension artérielle et un IMC plus faible ! Trois mois plus tard, les gains thérapeutiques étaient maintenus chez les patients du groupe MBSR.

## Apaiser la douleur

★ Divorcée puis remariée, Véronique a deux grandes filles de 24 et 22 ans. Elle est commerciale dans une entreprise qui vend des logiciels informatiques. Elle s'inscrit au programme de méditation parce qu'elle a rechuté d'une dépression. Physiquement, elle souffre d'une douleur à la hanche depuis une opération intervenue juste après la naissance de sa seconde fille. Cette douleur est très invalidante : Véronique ne peut pas s'asseoir en position du lotus. Peu importe, elle fera le programme assise sur une chaise ! Avec la pratique de la méditation, elle adopte une technique : elle dit qu'elle est dans l'espace, à côté de sa douleur, qu'elle essaie de tourner autour, de la regarder par au-dessus, par en dessous, sur le côté, de l'extérieur et de l'intérieur. « Je respire dedans » est l'image qu'elle aime employer. L'impression de moins subir la douleur, de reprendre le contrôle, la soulage.

Lorsque nous nous faisons mal, une douleur se déclenche pour nous alerter et nous inviter à trouver une solution. C'est, typiquement, le coup de l'écharde dans le pied ou de la brûlure avec un plat sorti du four. L'information remonte au cerveau, le long des nefs, pour nous prévenir : il ne faut pas rester dans cette position, dans cette situation !

Une bonne façon de travailler sur ces symptômes est de considérer que ces désagréments sont des phénomènes. Dans la méditation, la douleur n'est pas nous. C'est une partie de notre corps dont les terminaisons nerveuses sont activées. Si nous parvenons à considérer les douleurs comme des processus d'alerte, nous pouvons prendre du recul. La douleur aiguë ne dure pas longtemps. En revanche, la douleur chronique est un réel problème de santé.

Ce qui complique la situation dans la douleur chronique, c'est que nous aspirons à un monde idéal. Nous fuyons ce qui est désagréable, avons une aversion pour ce qui ne va pas. Et nous nous jetons sur les médicaments au premier mal de tête qui dure un peu… Souffrir ? Hors de question ! Pourtant, la douleur n'est pas la souffrance : la souffrance est la conséquence de la douleur physique ou émotionnelle. Elle est ce que nous faisons de la douleur, l'interprétation que nous lui donnons, le jugement. Souffrir est une des possibilités de réaction à la douleur ; mais elle n'est pas la seule.

Malheureusement, dans les douleurs chroniques, quand les antalgiques et tous les traitements se sont montrés inefficaces, la pleine conscience ne peut pas effacer les symptômes. Mais elle peut soulager en changeant notre regard, notre vécu. Sans supprimer la douleur, nous avons la possibilité de la voir différemment et de l'influencer. Les nombreuses études menées par l'Université du Massachusetts témoignent du bénéfice de la pleine conscience sur toutes sortes de douleurs. Les méditants sont soulagés durablement, ils ont une meilleure image de leur corps, et leur humeur s'améliore. Bien plus que chez les patients sous simple traitement médicamenteux.

Les scientifiques sont formels : les adeptes de la méditation réagissent moins violemment à la douleur car certaines zones du cerveau s'activent plus modérément. Il s'agit des zones responsables de la cognition (cortex préfrontal), de l'émotion (amygdale) et de la mémoire (hippocampe). Une diminution d'activation des circuits de la douleur a également été observée. Ces résultats représentent une petite révolution ! On sait maintenant comment « neutraliser » certaines zones du cerveau normalement impliquées. La méditation engendre un état mental particulier qui débranche, en quelque sorte, le circuit : on dissocie le cognitif et le sensoriel, ce n'est pas parce qu'on pense qu'on a mal que c'est vrai.

Apprendre à vivre avec la douleur est complexe. Notre réflexe, nous l'avons compris tout au long de cet ouvrage, est de fuir ce qui est désagréable. Alors que dans le programme il nous est demandé de nous connecter à la douleur, de la regarder en face, dans sa globalité, dans ce système qui est le nôtre. Rentrer en contact avec une sensation désagréable nous paraît aussi compliqué qu'absurde ! Et pourtant, faire la paix avec sa douleur, ne pas se crisper quand elle survient, va automatiquement diminuer son intensité.

Avoir mal est très particulier parce que nous avons pour habitude d'anticiper. Nous anticipons ce qui va être désagréable. Nous fuyons l'expérience émotionnelle et sensorielle désagréable au point de n'avoir jamais observé l'ampleur de la douleur. Nous ne savons pas la regarder sans crainte. Seulement, nous compliquons le problème : en plus d'avoir mal dans l'instant, nous nous crispons à l'idée que cette douleur nous fasse mal. Pour faire simple, en plus d'avoir mal nous avons peur d'avoir mal.

Lorsque nous nous sentons impuissants face à la douleur, nous y ajoutons du stress, du désespoir, de la colère, de la tristesse… Avec le temps, plutôt que de fuir la douleur, ce qui ne fait que repousser le problème, nous apprenons à l'apprivoiser. Nous l'explorons, tâchons de mieux la connaître au lieu de nous exténuer à l'arrêter, nous en débarrasser ou y échapper.

Accepter les ressentis comme ils sont, comme ils viennent, est très pénible quand nous avons mal. C'est difficile, c'est vrai. Abandonner l'idée d'une vie sans douleur est un véritable renoncement. Mais un renoncement salutaire.

**Pour mieux se connaître : Changer la relation à la douleur**

Vous ressentez une douleur ? Interrogez-vous : « Là-tout de suite-maintenant, comment je me sens ? » ou « Là-tout de suite-maintenant, est-ce supportable ? » Faites un pas de côté, prenez du recul, de la hauteur, et regardez votre douleur. Il n'est plus question de lutter contre elle puisqu'elle va vous instruire et vous guider.

Repérez comment votre mental traite cette information. Observez toutes les pensées automatiques liées à votre douleur : « Je suis foutu », « Rien ni personne ne peut quelque chose pour moi », « Je vais souffrir pendant des heures, des jours, toute ma vie », « C'est l'enfer », « Il faut absolument que ça s'arrête ». Cette étape est très importante pour comprendre comment notre interprétation nous rend malades. Nous voulons supprimer cette douleur parce que nous refusons de ne pas en avoir le contrôle.

Au contraire, invitez-la dans votre vie. Dans la douleur, il y a toujours de l'anticipation. Nous avons peur d'avoir mal et, comme si nous allions prendre un coup, nous nous protégeons, nous tendons nos muscles pour ne pas ressentir ce que nous anticipons. Ce qui en rajoute et majore la douleur.

Si la douleur prend toute la place dans notre esprit, nous ne sommes que douleur. Si, en revanche, nous pouvons revenir dans l'instant présent, nous ne sommes plus notre douleur. Dans notre cible, elle prend moins de place :

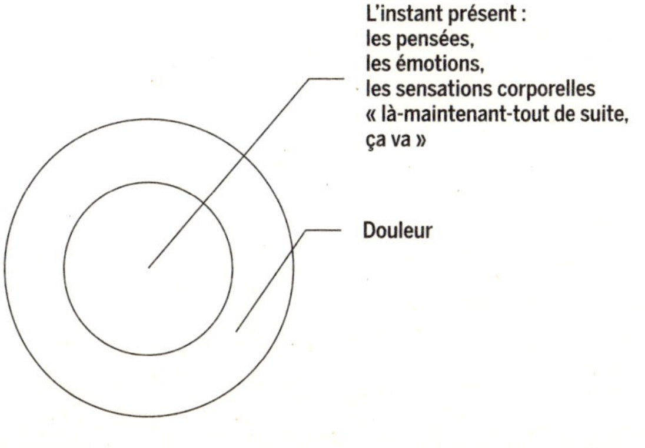

## Mieux vivre les maladies chroniques

★ Marc est un jeune infirmier. Très entouré par ses parents, il raconte néanmoins sa différence avec ses frères et sœurs : ils étaient de bons élèves, lui était un cancre. Il se souvient des reproches de son père, de l'anxiété de sa mère... Depuis l'école, des troubles digestifs le perturbent. Les médecins ont diagnostiqué une colopathie fonctionnelle : Marc digère mal, il souffre de ballonnements, de douleurs, de constipation ou de diarrhées... Cet inconfort permanent l'oblige à restreindre son alimentation.
Dès la quatrième semaine du programme de pleine conscience, il remarque un transit plus régulier et la quasi-disparition des ballonnements. Il peut enfin s'autoriser un resto entre amis, sans inventer des subterfuges pour décliner l'invitation ou se contenter d'une salade. Le stress et surtout son impact digestif ont très vite évolué.

La pleine conscience permet de faciliter l'adaptation à beaucoup de maladies chroniques, la colopathie fonctionnelle que nous venons d'évoquer, mais aussi le diabète, par exemple. Ces maladies au long cours exigent une acceptation considérable de difficultés aussi bien physiques qu'émotionnelles ou psychologiques.

C'est là-dessus que joue la méditation. Elle apprend au malade à s'investir pour gérer son stress et canaliser ses émotions. Il ne porte plus de jugement sur ses pensées, son ressenti et cultive l'acceptation. En acceptant la chronicité des symptômes, il s'adapte d'instant en instant et diminue son stress.

Le diabète, évidemment, reste une contrainte majeure. Et l'impact à long terme de la pleine conscience sur le glucose, la pression artérielle et le contrôle des risques de complications reste à déterminer. Mais les bienfaits de la méditation sur les maladies chroniques sont tels qu'ils sont vraiment prometteurs pour les patients.

## Réguler les conduites alimentaires

★ Hélène est adressée au groupe de méditation en raison de troubles du comportement alimentaire. Elle évoque son enfance en région parisienne dans un quartier populaire. Adolescente, elle s'est souvent mise en danger, par goût pour la transgression. Cela ne l'a pas empêchée de passer son bac et de faire des études. Ses troubles du comportement alimentaire ne sont pas ses seuls soucis : elle est également consommatrice d'alcool et de cocaïne. Elle sait qu'elle se remplit et que le vide lui fait peur. L'approche de la pleine conscience l'incite à expérimenter la possibilité de se détacher de ses pensées et de ses émotions. Elle comprend peu à peu que ses accès boulimiques sont comme une réponse alimentaire à un problème qui n'est pas alimentaire : le vide.

Quand elle évoque ses crises de boulimie, Hélène parle d'une bête qui s'empare d'elle. Dans ces cas-là, elle ne contrôle plus rien. Cette perte de contrôle lui est très pénible parce qu'elle ne la voit pas venir. Dans ces excès, elle est absente à elle-même.

Apprendre à gérer ce vide qui l'angoisse tant est une expérience nouvelle et révélatrice. Elle comprend que la tension monte tout au long de la journée jusqu'au moment où elle peut enfin s'acheter de quoi « faire une crise ». Elle s'aperçoit que ces crises sont souvent déclenchées par une contrariété (dans son travail ou avec son copain). Elle comprend aussi que ces épisodes de vide qu'il faut remplir sont liés à des angoisses d'abandon.

Mais elle ne veut plus chercher d'où viennent ces angoisses. Elle en a assez de réfléchir, de ruminer, de tourner autour de la cause. Des années de psychanalyse freudienne n'ont pas réussi à l'aider. Aujourd'hui, elle veut changer « dans la réalité ». Le programme des huit semaines lui permet de considérer le vide et ses angoisses d'abandon différemment. Oui, parfois, elle se sent seule et mal aimée. Oui, souvent, elle a besoin d'être rassurée (dans son travail ou dans son couple). Elle est humaine, elle a des besoins. Hélène apprend à se regarder sans jugement.

Les troubles des conduites alimentaires (TCA) sont très fréquents. Compte tenu de leur dangerosité, notamment dans le cas d'une anorexie mentale, ils font l'objet de nombreuses recherches.

Nous avons tous une relation particulière à la nourriture puisque celle-ci nous rassure. Notre cerveau reptilien, en cas de peur ou de danger, a tendance à nous dire que les aliments pourraient venir à manquer. Ce qui, dans les situations de stress, d'anxiété ou de dépression, provoque des troubles de l'alimentation. Qui ne s'est jamais rué sur un paquet de gâteaux en période d'examens ? Ou vengé sur la tablette de chocolat après une dispute amoureuse ? Ce sont des réactions normales qui n'ont rien à voir avec les TCA.

Les critères diagnostiques simplifiés de l'anorexie mentale et de la boulimie sont les suivants :

**Anorexie mentale**. Poids corporel volontairement maintenu à un niveau inférieur à la normale, peur intense de grossir ou de devenir gros, aménorrhée chez la femme.

**Boulimie**. Au moins deux grandes crises de boulimie incontrôlée par semaine, comportements compensatoires inappropriés (par exemple, vomissements provoqués), estime de soi influencée par l'apparence corporelle et le poids.

**Crises de boulimie.** Au moins deux grandes crises de boulimie incontrôlée par semaine mais pas ou peu de comportements compensatoires inappropriés, détresse prononcée par rapport aux crises.

Au cours des deux dernières années, les interventions basées sur la pleine conscience (MBI) ciblant les comportements alimentaires sont devenues très populaires. Les résultats, déjà objectivés par de nombreux travaux, sont prometteurs.

## Prévenir une crise de boulimie

La nourriture est devenue pour vous une réponse alimentaire à un problème qui n'est pas alimentaire. En proie à une crise, voici ce que vous pouvez faire.

- Interrogez-vous : « Comment est-ce que je me sens, là-tout de suite-maintenant ? »
- Identifiez les tensions corporelles, remettez-vous dans l'instant présent.
- Effectuez l'exercice quelques minutes pour faire face afin de décrocher du mental.
- Questionnez-vous sur le besoin ou l'envie de manger.
- Interrogez-vous de nouveau. Votre besoin de réconfort est bien légitime, mais la façon dont vous vous apprêtez à vous réconforter vous déplaît et vous culpabilise ensuite. N'y a-t-il pas un autre moyen de vous faire du bien ? Prendre un bain ? Vous offrir un massage ? Aller chez le coiffeur ? Téléphoner à un ami ?
- Si c'est vraiment la nourriture qui vous tente, questionnez-vous sur l'origine de l'aliment : qui l'a cultivé, transporté, transformé.
- À chaque bouchée, éprouvez l'aliment à l'aide de vos cinq sens avant de le mettre en bouche.
- Reposez toujours votre fourchette et mâchez longuement l'aliment, si possible en comptant jusqu'à 20. Observez la déglutition se déclencher toute seule, comme un réflexe.
- Avant de prendre la bouchée suivante, demandez-vous si vous avez besoin ou envie de continuer. Observez votre corps : est-il encore tendu, crispé ?
- Répétez le geste autant de fois qu'il y a de bouchées.
- Lorsque vous êtes en société, avec des amis, à un apéritif, une soirée, acceptez de vous... ennuyer. Ne vous remplissez pas pour tuer l'ennui : observez-le, en pleine conscience.

### À retenir

- La pleine conscience influe sur l'inflammation, donc sur l'immunité.
- La maladie est une étape charnière dans la vie. C'est le bon moment pour se libérer des pensées négatives et toxiques, pour mobiliser une perspective optimiste et cohérente, autoefficace, engagée.
- La pleine conscience est un excellent adjuvant mais certainement pas un traitement contre la maladie.
- Notre douleur n'est pas nous.
- La méditation apprend au malade à s'investir pour gérer son stress et canaliser ses émotions ; il accepte, il s'adapte.

# Épanouissez-vous professionnellement

**Votre travail vous stresse au point que vous n'avez plus le temps de rien. Vous ne lâchez pas votre ordinateur du week-end et peaufinez encore une présentation un dimanche soir à 23 heures. Ce chapitre vous aidera à rééquilibrer la situation.**

★ Pas très doué à l'école, Antoine est rapidement orienté vers un CAP de mécanique. Dans ses stages, il est apprécié pour son sérieux et son goût de bien faire. Son employeur et le chef d'atelier d'un garage automobile repèrent vite le « bon petit gars » qu'il devient peu à peu et l'incitent à poursuivre ses études : BEP, puis bac pro et enfin BTS. Assez rapidement, Antoine obtient une certaine reconnaissance professionnelle. Des responsabilités de plus en plus importantes lui sont confiées. Un poste de chef d'atelier se libère dans une autre concession ; il postule. Nommé cadre à moins de 30 ans, il doit diriger une équipe d'une dizaine de personnes, se coordonner avec le directeur du centre, assurer sa contribution au chiffre d'affaires et « piloter l'atelier dans un esprit de qualité de production et de satisfaction des clients et des collaborateurs ». Toutes ces nouvelles fonctions lui donnent un peu le tournis...
Un stress croissant l'envahit, il ne sait plus comment le gérer. Il suffit qu'un client mécontent hausse un peu le ton, à cause d'un délai supplémentaire ou d'une pièce manquante, pour qu'Antoine perde ses moyens. Et si un mécanicien manque à l'appel, si le planning est bousculé, le stress monte en flèche. Les clients, l'équipe, la tenue de l'atelier, l'entretien des pièces, tout ça c'est trop pour lui, trop d'un seul coup. Parfois, le matin, il a mal au ventre. Il dort moins bien. Il aime beaucoup son métier, mais la charge de

travail est trop lourde. Il commence à faire des erreurs d'inattention dans la facturation. Antoine est sûr de ses capacités, ce sont ses ressources qui viennent à manquer. C'est là-dessus qu'il souhaite travailler grâce à la méditation.

## Stress et environnement professionnel

Dans la presse, il ne se passe pas une semaine sans qu'un article soit consacré à la pleine conscience. Si l'intérêt pour la méditation redouble aujourd'hui, c'est parce que, de plus en plus, nous avons besoin de nous adapter aux défis, aux complexités et aux ambiguïtés de notre époque. C'est particulièrement vrai dans le monde du travail : constamment sollicités, nous subissons des pressions ; les charges de travail augmentent à mesure que le temps, lui, diminue, et les exigences de performance sont désormais un prérequis. Que de risques pour notre santé ! Différents programmes se développent donc pour prévenir ces risques qualifiés de « psychosociaux ».

Le stress, l'anxiété et la dépression sont des problèmes de santé considérables. Quand ces difficultés sont soigneusement niées, ou simplement minimisées, certains parlent d'une erreur de management. Malheureusement, ce n'est pas la réalité : l'ampleur du problème est bien plus vaste. Il y a une part d'inné et d'acquis dans nos ressources pour faire face au stress. En d'autres termes, il y a une part génétique, d'origine héréditaire, et une autre, liée à nos conditions de vie. Nous comprenons mieux l'impact du monde du travail, même si, évidemment, il n'est pas seul responsable. L'entourage familial, l'éducation des enfants, la maladie, le groupe social, les problèmes d'argent peuvent, eux aussi, contribuer à malmener notre cadre de vie. Faire complètement abstraction de l'environnement dans l'appréciation du stress serait une erreur ; mais l'accuser de tous les maux aussi.

L'entreprise doit être prise en compte dans l'appréhension du stress et de la dépression. Il ne s'agit pas de paternalisme d'un autre âge, mais de comprendre, ensemble, un problème de santé publique qui peut tous nous affecter. C'est un objectif gagnant-gagnant, où chacun devrait y trouver son compte. Plusieurs travaux scientifiques ont démontré l'efficacité des programmes de pleine conscience, des études sérieuses reposant sur un nombre suffisant de participants et publiées dans des revues dont les comités de lecture sont composés d'experts.

Nous l'avons dit plusieurs fois, la dépression est un handicap important. C'est aussi un fléau économique compte tenu des dépenses de santé directes – arrêts de maladie, antidépresseurs, hospitalisations… – mais aussi indirectes – effets collatéraux sur la famille, l'éducation des enfants, la carrière et les projets de vie. Ces coûts indirects sont très lourds pour les entreprises, qu'il s'agisse de l'absentéisme et, plus encore, du « présentéisme » : le salarié est bien là, à son bureau, mais il est incapable de se concentrer, il fait des erreurs d'inattention, il n'arrive pas à prendre des décisions, et ses relations avec ses collègues ou son équipe sont tendues.

## La méditation, nouveau hobby des entreprises ?

Les effets positifs de la méditation sont à la fois intellectuels et physiques. Ces bénéfices, appliqués au monde du travail, sont une augmentation de la productivité, une réduction du stress et un niveau d'absentéisme moindre. Beaucoup sont sceptiques et pensent que c'est le dernier truc à la mode ! Pourtant, la réduction de l'absentéisme, des difficultés et du stress est établie.

Aux États-Unis, 25 % des compagnies ont des programmes de Mindfulness-in-the-workplace ou Mindfulness-at-work, autrement dit des programmes de pleine conscience au travail ou au bureau. Les salariés de Google, Intel, Apple, Procter and Gamble, The Huffington Post, entre autres, en bénéficient. En Angleterre et en Allemagne, la méditation est aussi très implantée. C'est à croire que ce soit devenu le passe-temps favori des élites ! De nombreux et célèbres chefs d'entreprise[1] témoignent de leur pratique. Ray Dalio, président fondateur de Bridgewater Associates, le dit haut et fort : « La méditation, plus que tout dans ma vie, a été le principal ingrédient de mes succès. » Elle n'est pas réservée aux grands patrons, pas plus qu'aux cadres supérieurs. Elle est accessible à tous.

Alors, qu'apporte-t-elle réellement ? Dans le cadre professionnel, la méditation favorise :

- l'intelligence émotionnelle
- la capacité de résilience
- le niveau d'attention.

L'intelligence émotionnelle est un outil de la pleine conscience qui permet de nous connecter à nos émotions puis à celles de nos interlocuteurs. Cette compétence humaine est à cultiver dans le monde de l'entreprise pour ne pas laisser les interactions se détériorer. Nous y reviendrons plus spécifiquement dans le chapitre consacré à l'empathie (p. 215).

## La capacité de résilience

La résilience est cette qualité humaine qui nous permet de survivre aux traumatismes, aux crises de la vie et au stress du quotidien. Une partie de cette capacité est innée, l'autre peut être développée et améliorée, notamment par la méditation de pleine conscience.

En France, le concept a été décrit par Boris Cyrulnik et est emprunté à la physique : la résilience est la capacité du métal à reprendre sa forme initiale après avoir subi une torsion. Appliqué à l'être humain, c'est la façon dont chacun d'entre nous peut résister

1. Citons Bill Ford, président de Ford Motor Company, Oprah Winfrey, célèbre présentatrice de télévision, Arianna Huffington, éditorialiste, cofondatrice du *Huffington Post*, Ray Dalio, président de Bridgewater Associates, Rupert Murdoch, principal actionnaire de News Corporation, ou encore Jeff Weiner, directeur général de Linkedin. Steve Jobs, jusqu'à la fin de sa vie, méditait.

au stress et rebondir après une épreuve. Nous ne sommes pas tous égaux devant les épreuves de la vie. Les réactions humaines aux traumatismes sont très variables : certains développent des pathologies comme le syndrome de stress posttraumatique ou la dépression ; d'autres présentent des symptômes modérés ou plus légers. Cultiver et développer sa résilience c'est pouvoir faire face à l'adversité, aux difficultés de la vie.

La résilience est définie par des facteurs génétiques, neurobiologiques, développementaux et psychosociaux. Parmi les facteurs psychosociaux ou environnementaux, le soutien familial et le groupe social jouent un rôle important. La capacité à avoir des émotions positives, même en proie à l'adversité, est aussi source de résilience. Parfois, c'est une habitude familiale ou culturelle : dans certaines familles ou communautés, on apprend à ne pas se plaindre, à ne pas dramatiser. « Ce qui ne nous tue pas nous rend plus forts » disait Nietzsche… C'est une façon de prendre de la distance avec les aventures de l'existence.

La pratique de la méditation de pleine conscience apprend à développer les émotions positives puisque, peu à peu, les ruminations cessent, de même que les anticipations du pire. Deux professeurs de psychiatrie américains[1] l'affirment : « Avoir confiance dans sa capacité à gérer le stress peut augmenter un sentiment de contrôle, changer la perception d'une menace en un nouveau défi, favoriser activement les stratégies de faire face, accroître la motivation et la persévérance, modifier les réponses émotionnelles et neurobiologiques au stress. Ce sont les meilleures protections contre les troubles psychologiques liés au stress comme la dépression. »

★ Lucie consulte en raison de difficultés dans son travail. Elle subit un harcèlement moral de la part de sa supérieure hiérarchique. Consultante dans une société de conseil, elle se voit confier des

1. Steven M. Southwick et Dennis S. Charney, « The science of resilience: implications for the prevention and treatment of depression », *Science*, n° 338, 2012.

missions d'accompagnement au changement. Très régulièrement, elle endure les agressions verbales de sa chef : ce sont des critiques directes, des petites allusions, du chantage affectif. Si, par exemple, Lucie ne procède pas comme sa supérieure l'a décidé, celle-ci tente de la culpabiliser. Parfois, la politesse la plus élémentaire, comme « bonjour », « au revoir », « s'il te plaît », « merci » disparaît de son vocabulaire. Elle change aussi de registre en osant des remarques très personnelles sur le physique ou les vêtements de Lucie. Elle s'autorise même à juger sa vie personnelle, son couple, ses sorties, ses vacances, ses parents et ses amis. Quoi qu'elle fasse, Lucie a tort ou est dans l'erreur, alors que les clients, eux, sont plutôt encourageants et valorisants. À force d'entendre ces reproches, Lucie finit par y croire et fait siennes les critiques. Elles deviennent ses propres pensées automatiques, autodénigrantes. Lucie se juge, se condamne, se sent nulle et en dessous de tout. Elle commence à mal dormir, à grignoter le soir après le dîner, à commettre des erreurs... Parce qu'elle ne pense qu'à son travail, elle a du mal à se concentrer, n'a plus envie de rien. Sa résistance au stress s'est émoussée, la dépression s'est installée.
Avec l'entraînement à la pleine conscience, Lucie s'efforce de revenir dans l'instant présent, encore et encore. Elle s'aperçoit que toutes ses pensées ne sont pas des faits : certaines sont des attaques non fondées, des remontrances déplacées qu'elle a endossées en les croyant justes. Obtenir le calme de l'esprit, observer que les pensées sont toujours plus ou moins les mêmes, faire l'expérience de les voir comme des productions cognitives, les laisser aller et venir puis s'envoler comme des nuages dans le ciel... Tout cela permet à Lucie de faire le pas de côté. Elle comprend la nocivité de ses sentiments et les regarde différemment. En libérant son esprit de tous ces jugements négatifs, Lucie peut se reconstruire. Grâce à son entourage, très présent et réconfortant, elle trouve aussi un appui extérieur, et sa capacité de résilience se renforce. Sa plus grande victoire, au bout d'un an, est d'obtenir une rupture conventionnelle de son contrat de travail. Devenue autonome, elle fonde sa propre société de conseil en entraînant dans son sillage plusieurs clients fidèles. Voici ce que Lucie dit de la méditation : « Elle m'a appris à renoncer quand ça ne valait pas la peine et à foncer quand il le fallait ! Surtout, elle m'a démontré que j'étais capable de le faire... »

**Test : Évaluez votre résilience**

Répondez à ces 12 questions pour connaître votre niveau de résistance.

1. Êtes-vous en mesure de prendre du recul et de rire quand vous rencontrez des difficultés ?
   a. Oui, je pense que si je n'étais pas capable d'en rire, je serais vraiment en difficulté !
   b. Non, quand les temps sont durs, ce n'est pas le moment de rire ; rien n'est drôle.

2. Êtes-vous en mesure de vous adapter aux changements ?
   a. Oui, j'ai été en mesure de m'y adapter par le passé, et de les considérer comme un tournant dans ma vie.
   b. J'essaie de m'adapter, mais je peux devenir très rigide : certaines choses doivent être comme ci ou comme ça ; c'est parfois difficile d'accepter le changement et de progresser.

3. Pensez-vous que votre vie a un sens ?
   a. Oui, ma vie a du sens, elle correspond à mes valeurs.
   b. Je suis encore en train de « me chercher » pour trouver un sens à ma vie, mais je ne dirais pas qu'elle est « vide de sens ».
   c. Non, pas vraiment. J'ai parfois l'impression que ma vie est « vide de sens » : « À quoi bon ? »

4. Lorsque vous êtes confronté à un défi majeur…
   a. Vous rassemblez autant d'informations que possibles et, ainsi « armé », vous dressez et suivez un plan d'action.
   b. Vous essayez d'en savoir un maximum sur la situation ; mais parfois vous êtes un peu inquiet, un peu anxieux et il vous est difficile d'avancer.
   c. Vous essayez de ne pas trop y penser, vous faites ce que vous pouvez ; si quelque chose doit arriver, eh bien, ça arrivera.

5. Face à une difficulté, quelle attitude adoptez-vous ?
   a. « Je vais survivre, je serai plus fort après. »
   b. « Pourquoi est-ce que ça m'arrive à moi ? »
   c. « Je ne vais jamais y arriver. »

6. Lorsque vous vous fixez un objectif, avez-vous l'habitude de le réaliser ?
   a. Oui, une fois que je sais ce que je veux, je fais tout pour y arriver – même si je dois surmonter des obstacles majeurs.
   b. Oui et non. Certains objectifs ont été faciles à réaliser, mais j'ai dû en abandonner d'autres.
   c. Non, les choses ont rarement fonctionné pour moi, dans ma carrière ou mes relations.

7. Quand vous vous sentez dépassé, savez-vous exactement ce qui vous tracasse et pourquoi, ce que vous éprouvez et pourquoi ?
   a. Oui, je sais toujours ce qui me dérange, et je peux mettre un nom sur mes émotions ; les connaître m'aide à les surmonter.
   b. J'ai conscience d'être contrarié mais c'est souvent un sentiment généralisé que je ressens ; je ne sais pas toujours identifier le déclencheur de ma colère, ni quelles sont mes émotions.

8. Prenez-vous soin de vous ? Votre alimentation est-elle équilibrée ? Faites-vous régulièrement de l'exercice ?
   a. Oui, je mène une vie très saine.
   b. Non, pas vraiment ; je sais qu'il faudrait que je change mais je manque de temps, d'envie…

9. En cas de crise ou de situation stressante :
   a. Vous reconnaissez que vous ne pouvez pas toujours choisir ce qui vous arrive mais vous savez que vous pouvez choisir la façon dont vous allez réagir ; ce qui peut faire toute la différence dans la vie !

b. Vous êtes souvent en colère si les circonstances sont injustes, et vous sentez la peur grandir si vous n'avez pas le contrôle.

10. Avez-vous foi en une puissance supérieure, en quelque chose qui vous dépasse mais qui peut vous donner la force ?
    a. Oui.
    b. Non.

11. Avez-vous un réseau de soutien social ?
    a. Oui, je peux parler de mes sentiments ou de mes ennuis à plusieurs de mes proches, j'ai de bons amis sur lesquels je sais pouvoir compter.
    b. Quelques connaissances peuvent me donner du soutien de temps en temps, mais je ne peux parler de mes sentiments profonds à personne, ni m'appuyer sur quelqu'un si j'ai besoin d'aide.
    c. Non, mes relations sont conflictuelles, voire inexistantes.

12. Voulez-vous vivre jusqu'à 100 ans ?
    a. Oui !
    b. Seulement si je peux rester en bonne santé.

Comptez 5 points pour une réponse a, 2 points pour une réponse b et 1 point pour une réponse c.

- Vous avez obtenu plus de 50 points : vous êtes résilient.
- Vous avez obtenu de 30 à 50 points : vous pouvez progresser.
- Vous avez obtenu moins de 30 points : travaillez sur vos forces.

## Améliorer les fonctions cognitives

La méditation améliore les fonctions cognitives, c'est-à-dire la concentration, la capacité d'apprentissage, la mémoire et la créativité. Nous allons comprendre comment ça se passe.

Nous pouvons tous bénéficier d'un maximum de capacité cognitive, nous sommes tous susceptibles d'exceller en quelque chose. Seulement, quand notre espace psychique est occupé par la distraction, nous diminuons nous-mêmes cette capacité. En pratiquant la pleine conscience, nous observons, dans un premier temps, que la distraction nous perturbe. Nous apprenons, ensuite, à nous en libérer. Un peu comme si l'on posait l'équation suivante :

Perfomances = Potentiel – Interférences

Ne plus nous perdre dans les préoccupations et l'autocritique nous restitue notre capital intellectuel et, de fait, notre capacité de travail. Notre potentiel grandit lorsque nous revenons à l'instant présent, lorsque la distraction, les pensées automatiques, les préoccupations sont mises de côté. Côté cible et espace psychique, cela donne :

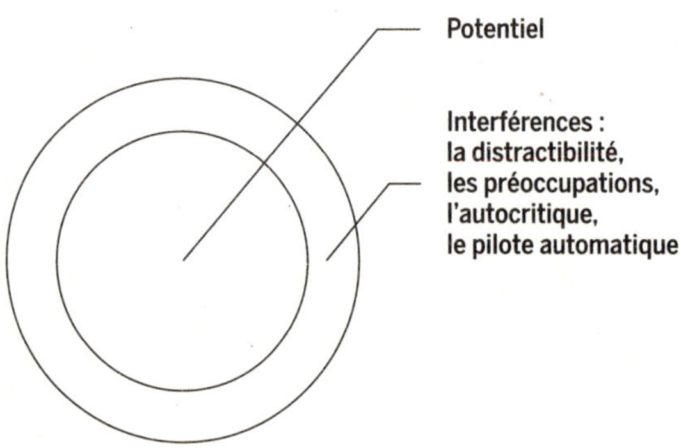


Notre principal outil de productivité est notre cerveau. Nos capacités de production sont nos réflexions. Ce sont nos pensées qui nous aident à travailler, à gagner notre vie. Être attentif à notre mental, repérer notre distractibilité est donc crucial. Si nous ne prenons pas soin de notre cerveau, nous ne pourrons pas nous adapter aux exigences. Nos idées, nos efforts vont s'épuiser. La pratique de la méditation procure de la clarté, au travail comme à la maison. Certains prétendent qu'être à l'écoute de ses émotions est au mieux une perte de temps, au pire un baratin « psycho-pipeau ». Seulement, les programmes de pleine conscience ont prouvé le contraire.

Profitons de ce paragraphe sur la productivité pour évoquer une exigence moderne ou, plutôt, un fléau : le fameux « multitâche ». Voilà un mythe de plus qu'il nous faut chahuter. Vous pensez pouvoir répondre au téléphone, envoyer un message, lire vos courriels en même temps que vous consultez votre page Facebook ou votre profil Linkedin ? Ne serait-ce qu'essayer nuit à votre contrôle cognitif.

Une équipe[1] de l'Université de Stanford a mis en évidence l'inefficacité du *multitasking*. Faire plusieurs choses à la fois diminue notre efficacité. Si nous sommes bombardés par plusieurs flux d'informations, nous ne filtrons plus les éléments pertinents et nous perdons en qualité de mémoire. Les jongleurs high-tech sont parmi nous, tâchant de suivre plusieurs conversations instantanées et, en même temps, envoyer un courriel, répondre à un texto, tout en regardant la télévision et en bouclant un dossier ou un devoir. Impossible nous dit la science.

Lors d'un test en ligne sur le *New York Times*[2], un groupe de 100 étudiants doit observer 24 pages et dire si les cibles (des rectangles rouges) ont bougé. Les chercheurs sont formels : les personnes multitâches obtiennent de faibles résultats quand plusieurs distracteurs, c'est-à-dire des stimuli, les éloignent de la tâche. Ils ont du mal à distinguer les informations pertinentes de celles qui ne sont pas significatives. Les personnes qui sont légèrement multitâches (*low multitaskers*) ne sont pas affectées par les distractions et gardent en mémoire davantage de données. Faisons une seule chose à la fois !

1. L'équipe du professeur Clifford Nass.
2. Vous pouvez faire ce test surprenant en ligne : www.nytimes.com/interactive/2010/06/07/technology/20100607-distraction-filtering-demo.html

## Écouter le cerveau reptilien

Au cours de l'évolution, au sens darwinien, nos cerveaux ont beaucoup… évolué ! Nous avons beaucoup changé depuis les grands primates. Mais une chose n'a guère bougé, c'est le cerveau primitif, le cerveau reptilien. Cette zone cérébrale « se souvient » encore de ce qu'étaient nos besoins pour survivre, pour foncer ou fuir face au danger, pour simplifier nos tâches. Il y a une attitude réflexe face à la menace qui vient de cette partie archaïque, animale de notre état d'humain. En réalité, le pire pour le cerveau reptilien serait de se faire remarquer. Se démarquer du groupe, en termes d'évolution, signait la mort, la capture par on ne sait quel prédateur ! Et notre cerveau reptilien y croit encore…

Certains de nos blocages viennent de là. Ces résistances sont liées à un état d'esprit – généralement développé par le cerveau reptilien – caractérisé par le stress, l'anxiété, la peur de l'échec ou son pendant, celle de la réussite, etc. Toutes ces émotions et pensées tournent dans nos têtes et nous disent : « Reste tranquille, ne bouge pas, stop, ne fais pas ça, c'est dangereux, fais comme les autres, tu ne vas pas y arriver, ne te fais pas remarquer ! » Ces messages nous envahissent et nous bloquent. Si nous apprenons à considérer ces pensées comme des phénomènes mentaux et non comme des vérités, nous arrivons à être plus disponibles pour penser. Nous ne sommes plus tétanisés et osons, enfin, agir, faire des projets, nous exprimer, demander.

La prise de décision est un bon exemple. Elle est bloquée ou ralentie face au stress. En effet, comme nous nous posons des milliards de questions, nous n'arrivons pas à y voir clair. Prendre une décision est particulièrement anxiogène, c'est vrai. Nous avons peur de nous tromper ou de ne pas pouvoir revenir en arrière. « Choisir c'est renoncer », disait Jean-Paul Sartre. Autre maxime, plus populaire cette fois : « On ne peut pas avoir le beurre et l'argent du beurre. » Nos dilemmes quotidiens – quelle couleur pour les rideaux ? quelle destination pour les vacances ? – peuvent durer des semaines, mais cela n'implique que nous. En revanche, dans le monde du travail, les valses hésitations ont des conséquences qui nous engagent et qui impactent d'autres que nous, y compris l'entreprise. Mieux vaut donc avoir l'esprit libre et clair pour prendre les bonnes décisions. Ce que la méditation permet.

## Être leader et méditer

Les manageurs qui ont suivi un programme d'entraînement à la pleine conscience disent de cette expérience qu'elle les a transformés : amélioration de l'écoute, de la créativité, de l'innovation, de la prise de décision et de la conscience de soi. Un peu de paix en ces temps où ils subissent une pression accrue liée à la compression des délais, la surabondance des données, la nécessité de faire plusieurs choses en même temps et le sentiment de vivre dans un monde incertain. Le contexte économique est loin d'être favorable...

Les programmes de pleine conscience et leadership sont maintenant nombreux. L'un des plus médiatiques est celui que propose Janice Marturano, cadre chez General Mills pendant quinze ans, fondatrice de l'Institut Mindfulness and Leadership. Pour elle, nous n'avons qu'une seule vie ; il s'agirait donc de ne pas la passer en pilote automatique. Quand la notion du temps nous échappe complètement, que celui-ci passe trop vite, nous passons nécessairement à côté de quelque chose. En revanche, quand nous revenons à l'instant présent et remarquons que notre esprit vagabonde, nous vivons notre vie plus pleinement. La pratique du leadership n'est pas réservée à une élite ou à un chef : nous avons tous à exercer de l'influence. Auprès de notre famille, de notre groupe d'amis, d'une salle de classe, d'une équipe, d'une entreprise, d'une association, nous sommes tous des leaders !

Comme nous parlons du travail, reparlons des manageurs. L'un d'eux raconte qu'il doit licencier du personnel pour des raisons économiques. Il n'a pas le choix, c'est une tâche ingrate mais un ordre à exécuter car l'entreprise perd de l'argent. L'une des employées a un fils lourdement handicapé. Il comprend, au cours de l'entretien de licenciement, le désarroi de cette jeune femme : les soins de son fils ne sont pas tous pris en charge par l'assurance maladie et le temps qu'elle retrouve du travail… Le manageur, méditant, fait preuve d'empathie, il se met à la place de cette mère de famille. Et obtient de son entreprise la prolongation de la mutuelle complémentaire pendant deux ans. L'employée a quitté son emploi comme prévu mais elle a l'impression d'avoir été respectée ; le manageur, lui, a su être un leader empathique.

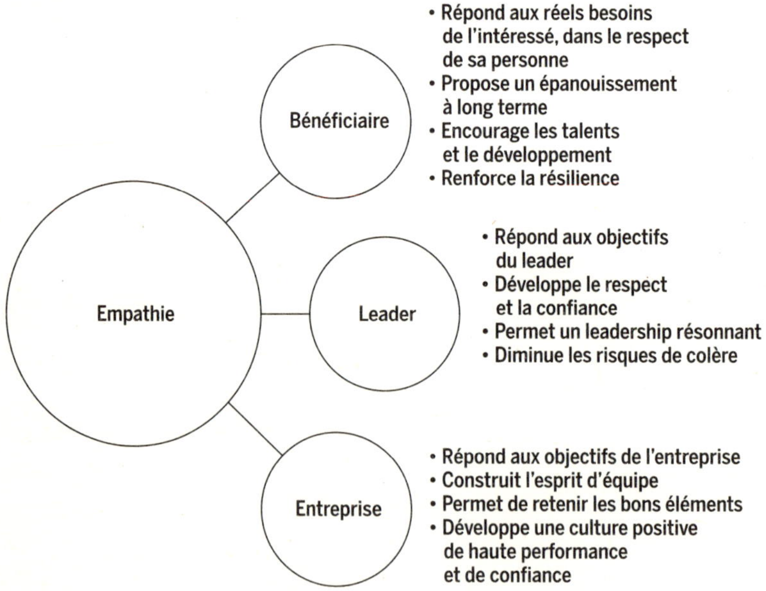

**Pour inviter la méditation dans sa vie professionnelle**

Quatre idées pour mieux vivre sa vie professionnelle

- Faire des campagnes de communication autour du mythe du « multitâche ». On ne fait bien qu'une chose à la fois !
- Envisager une formation à la gestion du temps et des priorités : distinguer l'urgent de l'important permet de rester concentré.
- Encourager un temps de repos pour bavarder avec un collègue, répondre à un SMS personnel, etc. chaque fois qu'une tâche a été effectuée avec succès.
- Encourager les pauses réfléchies, des moments de calme et de réflexion sur soi, pour réduire l'impression d'être submergé.

## Le syndrome du sacrifice

Le syndrome du sacrifice est une spirale infernale : la pression monte, crée du stress, fatigue et mène à l'épuisement ; s'ensuivent une baisse de performance, la culpabilité de ne pas y arriver, la volonté de prendre sur soi en se sacrifiant ; la pression monte, et ainsi de suite. Le stress prolongé est néfaste pour la santé physique et mentale. Le niveau de stress doit être régulé par des pauses, par la diminution des stimulations et la disparition des sollicitations inutiles.

C'est un peu comme la voiture dont nous avons parlé précédemment : nous voyons les témoins de l'huile, de l'eau et de la température s'allumer les uns après les autres, mais nous minimisons ces signaux de détresse : « Tout ça peut bien attendre la prochaine révision ! » Il en va de même avec nos capacités au travail : la fatigue, la difficulté à nous concentrer, les petites erreurs devraient nous alerter. Nous ne confierions pas notre vie à un pilote de long-courrier ou un neurochirurgien qui n'a pas eu de repos compensateur. Mais nous, sans scrupule, nous pouvons presser quotidiennement quelqu'un d'épuisé : soi-même.

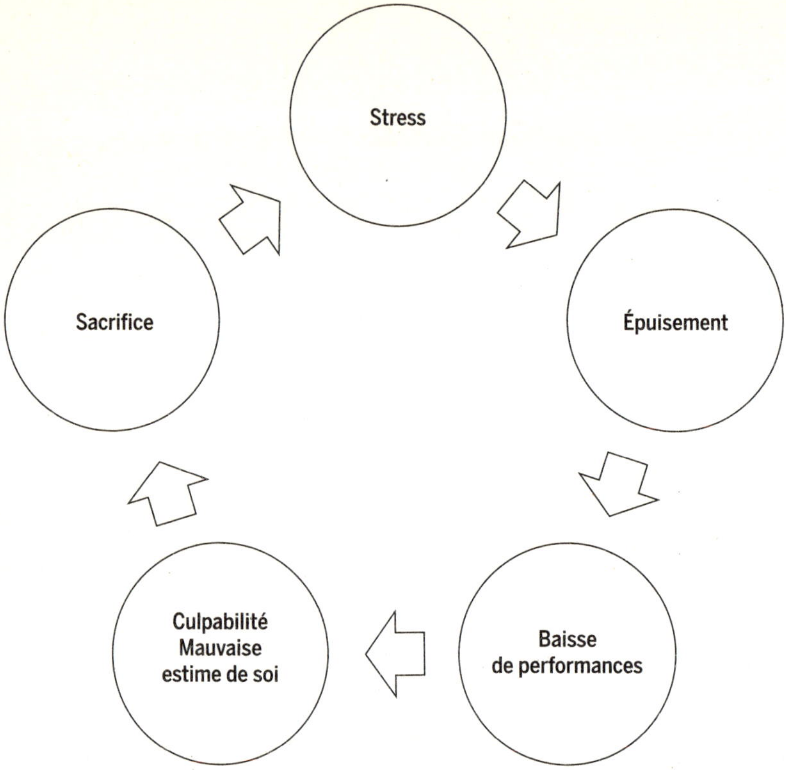


Trouver un équilibre entre travail et bien-être n'est pas un luxe. Au contraire, s'entretenir, prendre soin de soi, est indispensable si l'on veut rester dans la course. Si nous nous entraînons à revenir dans le présent, à observer l'impact des pressions qui s'exercent, à accepter de ne pas pouvoir toutes les gérer en même temps, nous désamorçons le cycle. Reconnaissons que nous ne pouvons pas tout faire, que nous ne sommes ni Superman, ni Wonder Woman ! Acceptons les choses telles qu'elles sont, c'est-à-dire pas exactement comme nous voudrions qu'elles soient. Accepter l'imperfection, ce n'est pas se laisser aller ; c'est savoir que nous faisons de notre mieux.

Pour prendre du recul, un brin de dérision est toujours utile, comme l'explique si bien ce schéma :

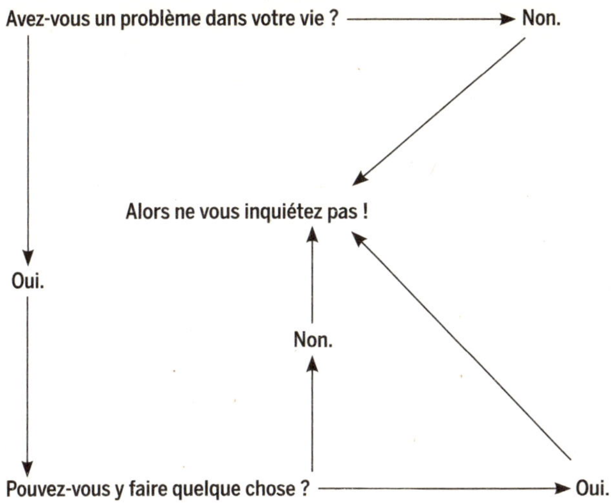


## La tyrannie du temps

« Qui embrasse trop, mal étreint », dit l'adage. C'est un peu comme la prise de décision. Nous ne savons pas gérer le temps parce que nous voulons tout faire à la fois. Gérer son temps c'est aussi prendre la décision de différer ou de renoncer. Jon Kabat-Zinn suggère que l'antidote au stress du temps est le « non-faire ». Il n'est pas facile d'adhérer à ce concept, surtout quand nous avons tant à faire. Mais si vous vous engagez à passer quelques minutes hors du temps, tous les jours, vous sortez de son flux un instant. Ouf !

Pour nous libérer de la tyrannie du temps, nous devons nous rappeler que les heures et les minutes sont une convention pour nous coordonner. La durée d'une minute est très relative.

Albert Einstein expliquait : « Si vous êtes assis sur un poêle brûlant, une minute peut vous sembler une heure, mais si vous faites quelque chose d'agréable, une heure peut vous sembler une minute. » Et le conférencier Richard Robinson, dans son célèbre livre *Pourquoi la tartine tombe toujours du côté du beurre*, tente de rompre avec les idées toutes faites : « La durée d'une minute dépend notamment de quel côté de la porte des toilettes nous nous trouvons ! »

Vivre dans l'instant présent nous libère de cette dictature du temps, de nos ruminations sur le passé et de nos inquiétudes sur l'avenir. Dans cette tyrannie du temps, nous entraînons notre entourage et nos enfants. Thomas d'Ansembourg, qui promeut la Communication non violente (CNV), invite à pacifier notre rapport au temps. Il raconte l'anecdote de ce petit garçon de 6 ans qui interrompt sa mère : « Maman, je ne m'appelle pas "Dépêche-toi" ! » Voulons-nous vraiment enfermer à ce point toute une génération ? Simplifions notre vie. Il y a des contraintes qui ne sont pas indispensables, des informations dont nous n'avons pas besoin.

Malheureusement, nous sommes atteints d'une maladie contemporaine qui est l'hyperconnexion. Il nous faut impérativement nous déconnecter ! Rémy Oudghiri, auteur de *Déconnectez-vous !*, remarque toutefois que ce besoin ne date pas d'hier. C'est un idéal qui a traversé les siècles, depuis Sénèque qui enseignait le détachement ou, plus récemment, les mouvements sur la décroissance et le mode de vie *slow*. Cette idée du bien-être consiste à s'écouter soi-même, à revenir à des besoins plus instinctifs.

**Ne soyez plus super-occupé !**

Voici un guide de la pleine conscience pour le super-occupé.

- Faites une chose à la fois.
- Faites-le lentement et délibérément.
- Limitez vos activités.
- Mettez de l'espace et du temps entre vos activités.
- Passez au moins 5 minutes chaque jour à ne rien faire.
- Arrêtez de vous inquiéter à propos de l'avenir.
- Soyez présent lorsque vous parlez à quelqu'un.
- Mangez lentement et savourez vos aliments.
- Vivez lentement et savourez votre vie.
- Transformez certaines habitudes en moments de pleine conscience (quand vous faites le ménage, la cuisine ou quand vous prenez une douche).
- Continuez à pratiquer la pleine conscience, même si vous êtes en colère ou fâché.

Voici un dernier conseil, celui du moine bouddhiste Thich Nhat Hanh : « Lorsque vous conduisez en ville et tombez sur un feu rouge ou sur un stop, vous pouvez simplement vous caler dans votre siège et utiliser ces 20 ou 30 secondes pour vous détendre – inspirer, expirer et profiter de votre arrivée dans le moment présent. Il y a tellement de petits moments comme ceux-là…[1] »

**Fondamental : Différencier les faits et les pensées**

Les pensées ne sont que des pensées, même celles qui disent le contraire ! Notre cerveau émet des jugements en permanence. L'inférence est ce phénomène psychique qui, à partir d'un fait, aboutit à une pensée. Souvent, les pensées déclenchent des émotions négatives et des comportements regrettables.

1. *Work: How to find Joy and Meaning in Each Hour of the Day*, Parallax Press, 2012.

L'objectif de cette étape est de considérer nos pensées comme de simples… pensées. Celles-ci doivent devenir des objets d'observation tout comme notre attention. Il nous faut devenir conscients de ce qui se passe dans notre esprit et l'autoriser. Il est tout à fait possible de nous distancier de ces manifestations mentales pour les considérer sous un autre angle. Empruntons à Eckart Tolle son expression « observer le penseur » pour imager la compétence que nous cherchons ici à acquérir.

Notre cerveau nous trompe. Oui, vous avez bien lu : notre cerveau nous ment. Il nous raconte des histoires, nous fait croire parfois n'importe quoi : si nous ne faisons pas telle ou telle chose, un drame va arriver ; si le résultat n'est pas parfait, tout est nul, etc. Il faut prendre du recul pour nous en rendre compte. Nous habituer à nous distancier de nos pensées va nous libérer de la tyrannie de nos anciens modes de fonctionnement. Les considérer comme de simples phénomènes psychiques change considérablement nos relations avec nos pensées. Toutes ces croyances sont issues de notre éducation, de notre milieu et du schéma que nous avons intériorisé comme étant LA référence. Peu à peu, nous allons nous détacher de la subjectivité de l'instant, nous éloigner de ces représentations, et gagner en objectivité. Nous ne sommes pas nos pensées puisque celles-ci ne sont que des événements mentaux passagers, qui nous mettent des « bâtons dans les roues », nous font peur et nous empêchent d'avancer. Ce sont toutes ces idées selon lesquelles « la méditation ne sert à rien », « nous perdons notre temps », « nous ne sommes pas faits pour ça », etc. Étudions ces pensées de plus près. Nous sont-elles utiles ? Pourquoi reviennent-elles si souvent ? En avons-nous besoin ? Ces pensées « rabat-joie » sont en réalité des résistances au changement. Il ne faut surtout pas essayer de les chasser, mais seulement nous dire que ce ne sont pas des faits. Restons spectateur d'un banal phénomène psychique !

## Pour voir les pensées autrement

Apprenez à regarder passer les pensées dans votre esprit. Elles se projettent comme sur un écran de cinéma ou évoluent dans le ciel comme les nuages. Voyez ces réflexions comme des phénomènes mentaux : elles n'ont rien à voir avec la réalité. Pour prendre du recul, voici quelques conseils :

- Il peut être tentant de croire que la pensée est vraie. Mais souvenez-vous : c'est à vous de décider si elle a de la valeur. Donnez-lui une note entre 0 et 10 – 0 si elle n'est pas crédible, 10 si elle vous semble réelle.
- Choisissez la façon dont vous allez réagir. Allez-vous continuer à vous « prendre la tête », allez-vous « laisser tomber » ?
- Écrivez noir sur blanc vos pensées. Les coucher sur le papier permet de les mettre à distance, ne serait-ce que le temps de les écrire. Les réflexions seront moins émotionnelles.
- Interrogez-vous : Êtes-vous objectif ou submergé par vos émotions ?
- Jouez avec vos pensées, faites-les partir et revenir. Passez en dessous, au-dessus, comme si vous en étiez le spectateur.
- Quand les pensées sont particulièrement pénibles, il peut être utile de revivre les sensations corporelles qu'elles déclenchent.

Nos pensées empoisonnent parfois notre existence. Par exemple, nous nous mettons la pression pour exécuter mille tâches dans une journée – sans que personne ne nous demande quoi que ce soit. Nous dressons des listes de « choses à faire » totalement infaisables et nous nous imposons des échéances, sans faire la différence entre l'important et l'urgent. Résultat : nous sommes tendus et anxieux, sans vraiment savoir pourquoi, alors qu'il s'agit seulement de « choses à faire » et que certaines peuvent attendre. Pendant la méditation, ce type de pensées peut surgir et nous embarquer sans même nous prévenir !

**Pour mieux se connaître : L'avocat du diable**

Vous avez remarqué des pensées et des images négatives dans votre esprit. Passez-les au crible ! Enquêtez, interrogez-vous :

- Suis-je en train de confondre une pensée et un fait ?
- Ne suis-je pas en train de tirer hâtivement des conclusions ?
- N'y a-t-il pas des nuances à apporter à ces conclusions ?
- Ne suis-je pas trop dur avec moi-même ?
- Suis-je en train de me dévaloriser et d'oublier mon potentiel ?
- Suis-je responsable de l'événement ou est-ce le fait d'un autre, d'un contexte ?
- Mes objectifs sont-ils réalistes ?
- Suis-je en train de me mettre en échec à vouloir tout, tout faire, tout de suite ?
- Est-ce que je pars en conjectures, est-ce que je fais des hypothèses ?
- Est-ce que j'en suis encore à espérer que tout soit parfait ?
- Suis-je déjà en train de crier avant même d'avoir mal ?

Et vous ? Quelle a été votre expérience ?

...........................................................................................

...........................................................................................

Grâce à notre nouvelle lucidité et cette clarté dont nous parlions précédemment, nous aurons l'impression de mieux gérer notre vie. Avec le temps, prendre du recul va être plus facile, tout comme différer notre réponse ou notre action. La distance que nous prenons avec nos pensées vient avec la pratique. À force de passer plusieurs minutes dans une « non-action », simplement occupés à observer le corps, la respiration, les sons, les pensées, nous musclons notre capacité à demeurer en pleine conscience.

Cet entraînement nous permet de mieux nous connaître, nous apprenons à nous accepter, sans vouloir nous changer.

Alors, une autre dimension apparaît. Dès lors que nous observons une pensée, nous sommes non seulement conscients de celle-ci mais aussi de nous-mêmes, en tant que témoins de la pensée. Une présence se crée. En dehors du mental, nous ressentons une certaine joie, une forme de paix. La pensée perd de son pouvoir sur nous, de son emprise. Nous ne nous identifions plus à elle et sortons de l'ego, nous nous éloignons de nos croyances. C'est le début de la fin de la pensée involontaire et compulsive. Il y a une rupture dans le flux mental, un intervalle de « non-mental ». Au début, ces hiatus sont très courts. Et puis, comme le dit si bien Eckart Tolle[1], nous allons « peut-être rencontrer une résistance intérieure intense à nous désidentifier de notre souffrance ». Nous aurons l'impression que nous ne faisons que penser ! Mais avec le temps, la conscience s'affinera.

La méditation est autre chose que la réflexion. D'autres formes de compréhension vont apparaître. Nous allons déceler ces moments où notre esprit part en mode « résolution de problème », où il s'embarque dans un train de pensées. Et nous déciderons de rester à bord ou… pas. Quand nous nous perdons dans nos pensées, nous nous identifions à elles et elles nous emportent. Mais lorsque nous devenons conscients de ce phénomène, nous modifions notre état émotionnel. La pensée et le jugement ont généré une émotion. Nous ne sommes pas dans la même situation affective qu'auparavant.

Lorsque nous observons les pensées comme des phénomènes psychiques, nous pouvons remarquer leur nature, ce qu'elles nous disent : « Fais ci, fais ça ». Et nous voilà partis, à l'insu de notre plein gré ! Nous sommes montés dans le train… De même, quand nous apportons du crédit à ces pensées indésirables « il faut/je dois/y a qu'à » ou « j'aurais dû/je n'aurais

1. E. Tolle, *Le Pouvoir du moment présent. Guide d'éveil spirituel*, J'ai lu, coll. « Bien-être », 1984.

pas dû », nous nous perdons dans des réflexions interminables, toujours à bord du train.

Nos pensées et l'impact qu'elles ont sur nos vies dépendent de notre conception. Si nous ne voulons plus nous laisser torturer par des pensées délétères qui nous embarquent inutilement dans des réflexions stériles, il nous faut apprendre à nous en détacher. Ainsi, notre volonté d'observer le fil de nos pensées comme un spectacle éphémère – ce qu'il est en réalité – va nous donner une grande liberté.

**Pour mieux se connaître**

Notre humeur détermine en grande partie notre façon d'interpréter les faits, un événement, une situation, la « réalité ».

**Première partie.** Vous êtes contrarié parce que vous vous êtes opposé à un collègue. Peu après, vous rencontrez un autre de vos collègues dans le couloir. Mais celui-ci s'éloigne rapidement et vous dit qu'il n'a pas le temps de s'arrêter. Que pensez-vous ?

....................................................................................................

....................................................................................................

**Seconde partie de l'exercice.** Vous êtes en pleine forme et joyeux car vous venez d'être félicité pour la qualité de votre travail. Peu après, vous croisez un autre de vos collègues dans le couloir. Mais celui-ci s'éloigne rapidement et vous dit qu'il n'a pas le temps de s'arrêter. Que pensez-vous ?

....................................................................................................

....................................................................................................

Et vous ? Quelle a été votre expérience ?

....................................................................................

....................................................................................

Cet exercice nous permet de faire un constat : notre jugement dépend de notre humeur. Quand tout va bien, les situations nous paraissent banales. Si nous allons moins bien, notre tendance est d'interpréter négativement la plupart de nos interactions.

### Exercice 8
### Méditation assise « pleine conscience de la respiration »

**20 minutes**

✓ Pour trouver la bonne posture, rappelez-vous que la pleine conscience nécessite trois éléments : votre intention, votre attention et votre attitude sans jugement. Vous ne pouvez méditer que si votre colonne vertébrale vous porte. Celle-ci doit être digne et droite (*sit-still*).

✓ Asseyez-vous sur une chaise, un tabouret ou un coussin au sol, dans une posture agréable. Si vous êtes sur une chaise ou dans un fauteuil, faites en sorte que votre dos ne s'appuie pas contre le dossier et que vos pieds soient bien à plat sur le sol. Si vous êtes au sol, vérifiez que vos genoux touchent vraiment le sol, soit en lotus, soit à genoux.

✓ Portez votre attention sur vos sensations corporelles pendant quelques minutes, un peu à la manière d'un court body scan. Observez ce triangle formé par le bassin et vos genoux, ressentez la stabilité de votre appui sur le siège et/ou au sol.

✓ Portez votre attention sur la respiration. Notez les mouvements respiratoires, le va-et-vient de l'air, de la cage thoracique et de l'abdomen. Les côtes se soulèvent et s'abaissent à chaque mouvement, l'abdomen se balance.

✓ Chaque inspiration vous « soulève », chaque expiration vous ancre un peu plus dans votre posture, augmentant ainsi votre stabilité.

✓ Remarquez l'air frais qui frôle vos narines à chaque inspiration, puis l'air tiède qui est expulsé sur chaque expiration.

✓ Il n'y a aucun but à observer votre corps et votre respiration. Surtout, n'essayez pas de modifier votre respiration.

✓ À un moment, votre esprit vagabonde. Dans la mesure où vous le remarquez, vous êtes déjà revenu à l'exercice. Ne vous blâmez pas, ne vous faites aucun reproche, c'est comme ça. Notez simplement le sujet de ce vagabondage et félicitez-vous de vous être concentré de nouveau. Revenez à l'expérience en n'attendant rien de plus que de rester présent.

✓ Poursuivez l'exercice pendant 15 minutes, votre corps et votre respiration sont vos supports pour rester dans l'ici et maintenant.

Et vous ? Quelle a été votre expérience ?

........................................................................................

........................................................................................

→ *L'apport de la pleine conscience*

Mais qu'est-ce que la pleine conscience apporte aux travailleurs, du salarié au grand patron[1] ?

Si vous pratiquez la méditation, vous pouvez compter sur :

- une augmentation de 26,5 % d'action en pleine conscience
- une augmentation de 13 % de l'autoefficacité et de la productivité
- une augmentation de 26 % des capacités d'observation
- une augmentation de 25 % en non-réactivité
- une augmentation de 22 % en non-jugement
- une diminution de 32 % des symptômes médicaux en général
- une diminution de 29 % des symptômes de stress ressenti.

La célèbre entreprise Google fut une pionnière. Le programme « Connectez-vous à vous-même[2] » y est enseigné depuis 2007. Pour Chade-Meng Tan, l'ingénieur maison qui l'a mis

1. Étude réalisée par l'Université de médecine du Massachussets (UMASSMED).
2. « *Search inside yourself.* »

au point, si les pratiques méditatives aident les gens à réussir leur vie, donc leur carrière, alors elles favorisent les résultats de l'entreprise. Le plus gratifiant est que ce programme a été élaboré pour des salariés ordinaires, qui évoluent dans un environnement d'entreprise, ici, au sein d'une société moderne. S'il avait été destiné à des professionnels de la méditation, comme des moines tibétains, les résultats obtenus auraient peut-être été moins surprenants. Mais les méditants sont des Américains comme vous et moi : ils ont une vie de famille, ils travaillent, ils stressent. Grâce à 20 heures de classes réparties sur sept semaines, ils ont pourtant changé de vie !

Ce programme comme d'autres reprend trois étapes essentielles :

– **Le renforcement de l'attention.** L'attention est la base de toutes les bonnes capacités cognitives et émotionnelles. Par conséquent, tout programme de formation à l'intelligence émotionnelle doit commencer par la formation de l'attention. L'idée est de former l'attention pour que l'esprit soit à la fois calme et clair en même temps. Pour travailler avec la génération Y et ne pas effrayer les jeunes *geeks*, Google n'a pas employé le terme de méditation mais de « *neural self hacking* » : il s'agit de se réapproprier ses neurones !

– **La connaissance de soi et la maîtrise de soi.** Utilisez votre attention renforcée pour créer une perception acérée de vos propres processus cognitifs et émotifs. Vous êtes capable d'observer votre flux de pensées et le processus de l'émotion avec une grande clarté. Vous avez, objectivement, une perspective à la troisième personne. Lorsque vous y parvenez, vous créez le type de connaissance de soi profond qui permet par la suite la maîtrise de soi.

– **La création d'habitudes mentales utiles.** Dès que vous rencontrez quelqu'un, instaurez une première pensée instinctive : « Je souhaite que cette personne soit heureuse. » Cette pensée va devenir une habitude, et va tout changer au bureau, simplement parce que cette bonne volonté sincère est transmise inconsciemment aux autres. Vous créez un type de confiance qui mène à des collaborations très productives. Ces habitudes peuvent être volontairement installées et entretenues. Culturellement, ce n'est ni très français, ni « syndicalement correct ». Mais si nous ne bousculons pas un peu nos habitudes, alors rien ne changera…

**À retenir**

– Nos ressources pour faire face au stress dépendent en partie de notre environnement et donc de notre vie professionnelle.

– Prendre soin de soi est indispensable si l'on veut rester performant.

– Performances = Potentiel – Interférences

– Le multitâche est un principe aberrant : faire plusieurs choses à la fois diminue notre efficacité puisqu'il nous oblige à changer de rythme.

– Libérons-nous de la tyrannie du temps : personne ne s'appelle « Dépêche-toi » ! Acceptons de ne pas pouvoir tout faire, tout de suite !

# Encouragez votre créativité

**Votre routine vous exaspère. Les mêmes tâches, les mêmes pensées, les mêmes réflexes… Vous aimeriez quitter l'autoroute et vous autoriser à emprunter les chemins de traverse. Ce chapitre vous explique comment la méditation favorise la créativité.**

★ Valérie est agent d'accueil dans une piscine municipale. Depuis qu'elle est enfant, elle souffre d'anxiété. Celle-ci l'a gênée dans ses études qu'elle a dû interrompre prématurément. La peur des autres, la peur de l'échec l'ont freinée… Ces angoisses l'ont beaucoup retenue et empêché d'avancer. Aujourd'hui, Valérie est bien décidée à en finir avec ses doutes. La pleine conscience l'aide à se remettre dans le présent, à faire taire le brouhaha mental. Sa relation avec les clients s'améliore, elle se sent plus sereine. Mais, surtout, elle ose prendre des pinceaux ! Elle s'achète de quoi faire des aquarelles et se lance. Sans tabou, sans frein, sans jugement. Une créativité qu'elle ne soupçonnait pas se révèle à elle. Plus tard, elle s'inscrit à un cours. L'enseignante l'incite à participer à l'exposition de l'atelier. Jamais Valérie n'aurait imaginé pouvoir exposer ses tableaux ! En reprenant confiance en elle, son estime de soi s'améliore. En ayant moins peur, elle peut aussi se tourner vers les autres.

## Qu'est-ce que la créativité ?

La créativité est la capacité à trouver des idées nouvelles, originales et appropriées. Steve Jobs, fondateur d'Apple entre autres, en propose une jolie définition : « La créativité c'est seulement mettre les choses en connexion. Quand vous demandez à des gens créatifs comment ils ont fait telle ou telle chose, ils se sentent un peu coupables parce qu'ils n'ont pas vraiment fait quelque chose, ils ont juste vu quelque chose. Ça leur a semblé évident après coup. C'est parce qu'ils ont été capables de connecter des expériences qu'ils ont eues et de les synthétiser sous une nouvelle forme. »

D'une manière ou d'une autre, le processus de création revient à résoudre un problème. De A nous voulons aller à B. Il convient donc d'élaborer des hypothèses pour en déduire des résultats. Or, la pleine conscience stimule ce travail, nous allons comprendre comment.

Au début des années 1950, Joy Paul Guilford, psychologue américain, étudie le concept de pensée divergente. Il suggère que la créativité requiert des aptitudes comme la facilité d'analyse, la détection des problèmes, l'évaluation et la synthèse. Cette pensée, qu'il observe chez les grands créatifs, présente plusieurs caractéristiques :

- la **fluence**, qui est la capacité à trouver plusieurs idées ou solutions à un problème donné dans une courte période de temps ;
- la **flexibilité**, qui est la possibilité de trouver simultanément une variété d'approches à un problème ;
- l'**originalité,** qui est la potentialité de trouver des idées nouvelles et originales ;
- l'**élaboration,** qui est l'habileté, à partir d'une idée nouvelle, de l'organiser, de la généraliser.

D'autres traits de personnalité ont été suggérés par des recherches ultérieures :

- la **confiance en soi**, l'indépendance de jugement et la prise de risque[1] ;
- l'**acceptation de soi**, le courage et la liberté d'esprit en tant que « moyen de réaliser ses potentialités[2] »

1. MacKinnon (1962), Gough (1961 ; 1979) et Roe (1952).
2. A. Maslow, « The good life of self actualizing person », *Readings in human Development, a Humanistic Approach*, ed. Theron M. Covin, MSS Information Corporation, 1974.

– la **motivation intrinsèque**, c'est-à-dire les raisons personnelles pour lesquelles un individu s'engage à accomplir une tâche. C'est, selon Teresa Amabile, psychologue et professeure à la Harvard Business School, un puissant moteur de la créativité ; elle révèle ainsi l'aspect social de l'inventivité. Son opposé est la motivation extrinsèque, qui dépend de l'extérieur, notamment des récompenses ou du regard des autres.

L'autocritique, le jugement, la distractibilité, la peur de l'échec sont autant de freins à la créativité. En se remettant dans le présent, le potentiel créatif est libéré. Pour comprendre ce qu'est un changement de perspective, une autre façon de penser, il convient de remarquer combien notre esprit se hâte de voir les choses de la même manière, par habitude ou par manque de discernement. Nous sommes façonnés par les préjugés, les croyances apprises dans le passé. Face à une situation, nous faisons référence à ce que nous connaissons déjà. La méditation permet de créer en innovant, c'est-à-dire en changeant de point d'observation ou en bousculant ce qui est habituel. Pour booster notre créativité, autorisons-nous à penser différemment, à faire fi des préjugés, les nôtres ou ceux que notre entourage manifeste. Voici comment l'espace psychique de notre cible se libère :

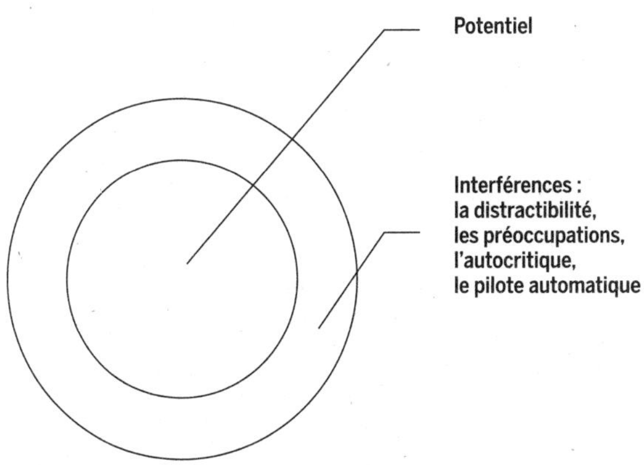

## Exercice
## Les neufs points

✓ Essayez, avant de tourner la page, de résoudre ce problème : reliez les 9 points en traçant 4 lignes différentes, sans lever le crayon.

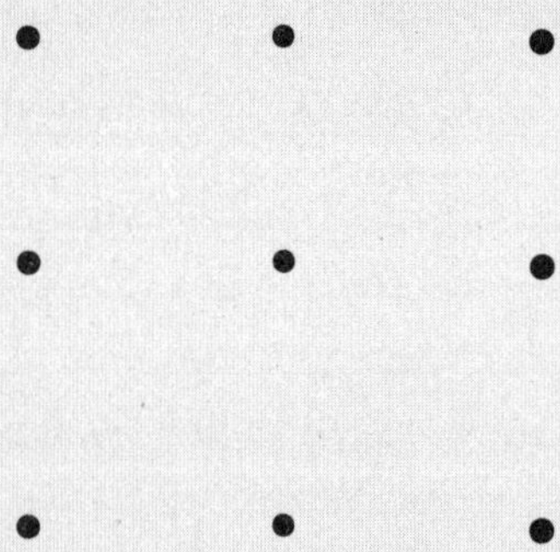

✓ La première étape de cet exercice est de remarquer que nous pouvons avoir spontanément une pensée limitée. C'est notre manière de voir, de percevoir le problème qui va limiter notre capacité à y apporter une solution. Il n'est guère agréable de buter sur un casse-tête… Nos pensées automatiques surgissent immanquablement : « Je ne suis pas capable », « Je suis nul, stupide », « J'ai honte »… À moins que les pensées jugent l'exercice en lui-même : « C'est ridicule », « C'est impossible »…

✓ Il n'en est rien. Cet exercice illustre simplement la possibilité d'apprendre à voir ce qui est « hors de la boîte » (*out of the box*). Il invite à changer de perspective et de schéma habituel de pensée. Nous apprenons à élargir le champ de vision, à « voir » que le problème concerne la surface de la feuille et pas celle, restreinte, formée par les 9 points. Et la solution devient évidente…

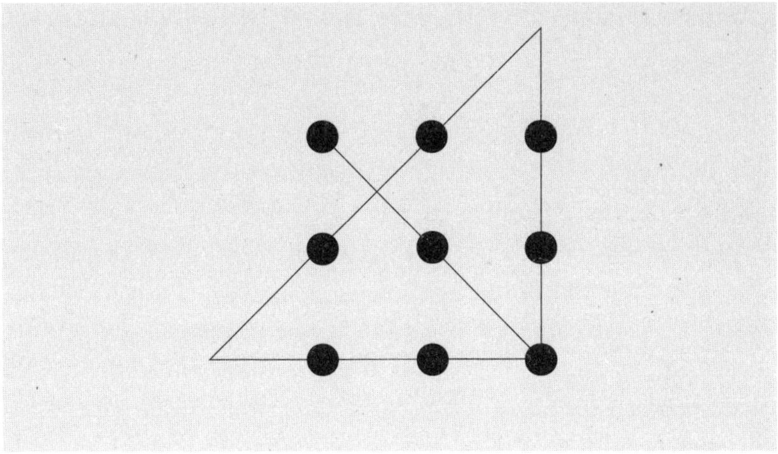

## Ouvrir le champ de vision

Élargir notre façon d'appréhender les situations, les événements, les considérer en totalité, dans une vue d'ensemble, tels doivent être nos objectifs. La vision systémique nous permet de sortir de nos préjugés et de trouver de nouvelles options, de nouvelles façons de résoudre les problèmes. Quand nous sommes enlisés dans une situation, nous avons tendance à nous agiter et à créer d'autres difficultés, ce qui génère des sentiments de frustration et d'insécurité, et diminue notre estime de soi. Les doutes que nous entretenons sur nous-mêmes apparaissent comme réels, ce qui alimente la mauvaise estime de soi. Nous voilà enfermés dans un système que nous avons nous-mêmes produit !

Paul Watzlawick, grand théoricien de la communication, propose à ce sujet un exemple intéressant. Au nord du Canada, on s'interroge sur les variations de la population de renards. Elles sont cycliques et reviennent tous les quatre ans : le nombre de renards augmente puis diminue jusqu'à une quasi-disparition ; un autre cycle commence et la population s'accroît à nouveau. Ce phénomène n'est pas explicable sorti de son contexte. En revanche, si l'on sait que le renard se nourrit de lapins de garenne, on observe le système avec davantage d'ouverture. Quand on met en relation l'évolution des deux espèces, on constate que la courbe du nombre de lapins de garenne croise celui du nombre de renards. Si le nombre de renards augmente, celui des lapins diminue, ce qui va déclencher la diminution du nombre de renards par la disparition des lapins, et ainsi de suite. Sans pensée systémique, il n'y a aucune chance de faire le lien. La conclusion est évidente : un observateur doit ouvrir suffisamment large son champ d'observation pour inclure le contexte dans lequel le phénomène apparaît. Cela vaut pour les renards ou… nos problèmes !

**Fondamental : S'extraire du mental**

La concentration sur le corps, avec les différents exercices, commence à mettre plus clairement en évidence le bavardage de l'esprit et la façon dont il tend à contrôler nos réactions aux événements quotidiens. Nous remarquons les inconforts que nous rencontrons afin d'approfondir la découverte de notre psychisme. Des pensées contradictoires nous traversent l'esprit au sujet de ce programme. Nous rencontrons des difficultés à lâcher nos bonnes vieilles habitudes… Et puisque nous voulons « tout, tout de suite », nous voulons trouver le « truc » qui, vite, nous fera du bien. Il s'agit encore là de notre sale manie de la performance ! Que se passe-t-il dans notre tête lorsque ça ne se passe pas comme prévu, quand la méditation n'est pas cet exercice facile que nous avions imaginé ?

En permanence, notre esprit juge les événements : ce n'est pas parfait, ce n'est pas ce qui était prévu, ça ne devrait pas arriver, ce n'est pas assez bien, etc. Ces commentaires exercent une influence puissante et diminuent notre faculté d'être pleinement « présents », à chaque instant. Un tel bavardage peut passer inaperçu. Pourtant, insidieusement, ces microjugements déclenchent une avalanche de pensées négatives : Comment faire pour que cela soit parfait ou conforme à ce qui était prévu ? Des raisonnements s'emparent de nous, occupent tout notre esprit, nous conduisent loin de l'instant présent dans des souvenirs, des ruminations... Ce qui nous empêche de réfléchir clairement et calmement pour savoir s'il faut agir ou... non !

Rassurez-vous, cette liberté de choisir et d'agir va revenir grâce à la pleine conscience.

**Pour mieux se connaître :**
**« Pensées-émotions-sensations corporelles »**

Imaginez que vous croisiez un ancien collègue au cours d'une réception, vous vous approchez de lui pour vous présenter, il ne semble pas vous reconnaître. Comment réagissez-vous ? Que pensez-vous ?

Observez ensuite ce qu'engendrent vos pensées : vos émotions et vos sensations corporelles.

| *Pensées* | *Émotions* | *Sensations corporelles* |
|---|---|---|
| Ce n'est pas grave. | Neutre | Rien de spécial |
| Il ne m'a pas reconnu. | Déception | Perte d'énergie |
| Qu'il est coincé celui-là ! | Colère | Haut du corps activé |
| Je me sens seul. | Angoisse | Papillons dans le ventre |
| Personne ne m'aime. | Tristesse | Un poids sur les épaules |

Et vous ? Quelle a été votre expérience ?

.................................................................................

.................................................................................

L'intérêt de cet exercice est double : vous apprenez à vous centrer dans le présent en observant les trois dimensions : pensées-émotions-sensations corporelles ; puis vous prenez conscience de votre discours intérieur et commencez à repérer les jugements qui mènent aux circuits de pensées négatives.

## La créativité à l'épreuve des neurosciences

Trois études passionnantes nous apprennent une bonne nouvelle : la créativité est à la portée de tous.

Scott Barry Kaufman est chercheur au centre de psychologie positive à l'Université de Pennsylvanie, il est le directeur scientifique de l'Institut de l'imagination. Dans un de ses derniers articles[1], il bouscule les idées reçues : de récentes études mettent en évidence que la distinction entre cerveau droit et cerveau gauche, qui attribuait des particularités à chacun des hémisphères, est... obsolète. Jusqu'à présent, on pensait que le cerveau droit était le siège des capacités de créativité, de poésie, de sensualité, de passion, de goût et de couleur. L'hémisphère gauche, lui, était supposé être réaliste, analytique, pratique, organisé et logique.

Mihaly Csikszenmihalyi, psychologue et chercheur, nous bouscule lui aussi ! Ses travaux concluent[2], au terme de trente années de recherches sur la façon dont travaillent et vivent des créateurs, que les créations viennent enrichir la vie de tous. Pour élaborer son concept, Csikszenmihalyi a observé des politiciens, des chefs d'entreprise, des artistes, des chercheurs, des écrivains. Il souligne l'influence de l'environnement intellectuel ou social. Pour lui, une création n'est pas la production d'un esprit unique mais bien « la synergie de différentes sources ». En soulignant les multiples aspects de la créativité, qu'il considère comme un phénomène systémique, il affirme qu'elle est la « conjonction entre un domaine, un milieu et une personne ».

1. « The real neuroscience of creativity », *Scientific American*, 19 août 2013.
2. *La Créativité : Psychologie de la découverte et de l'invention*, Robert Laffont, 2006.

Pour Ellen J. Langer, professeure à Harvard, la créativité n'est pas réservée à une élite mais fait partie de chacun. Nous pouvons tous exprimer nos impulsions créatrices, de façon authentique et unique, et ainsi enrichir notre vie. En cherchant à comprendre pourquoi les roses se ressemblent, nous devenons aveugles à ce qui les différencie. Autrement dit, en cherchant des similitudes, nous perdons l'habitude de trouver des différences. Les freins de la créativité sont liés à nos jugements, nos évaluations, notre mauvaise estime de soi. Si nous arrivons à faire taire ces pensées automatiques négatives, nous libérons de nouvelles pensées, innovantes. Nous libérons notre potentiel.

## La pensée divergente, la pensée convergente

Rappelons qu'il y a deux mouvements à l'orientation de la pensée créative :

- **La pensée divergente.** Favorisé par la pleine conscience, c'est un style de pensée qui permet à de nombreuses idées nouvelles d'émerger. Il est mesuré grâce au « test de créativité[1] » ; il est demandé aux participants de lister autant d'utilisations possibles pour un objet familier, un trombone par exemple, un stylo ou une brique. Pour cette dernière, nous pourrions évoquer un presse-papiers, un bloc-porte, un cercueil pour les funérailles de Barbie, un objet à balancer par la fenêtre, à utiliser pour taper sur la tête de sa sœur, etc. Dans ce test sur l'originalité, la fluidité (nombre d'idées produites), la flexibilité (nombre de catégories de réponses différentes), l'élaboration et l'ajout de détails sont recherchés.
- **La pensée convergente.** C'est la tendance à trouver une solution à un problème particulier. Cette aptitude intellectuelle se mesure par le *Remote Associates Task* : il est

1. Guilford's Alternative Uses Task (1967).

demandé aux participants de trouver un point commun à trois mots isolés, par exemple « temps », « cheveux » et « étirements ». Dans ce cas précis, la réponse est « long ».

Pour mesurer les pensées divergente et convergente et déterminer quelle technique de méditation influence le plus les activités créatrices, une chercheuse et psychologue[1] de l'Université de Leyde aux Pays-Bas en a étudié deux : la technique de l'attention focalisée et celle de la pleine conscience. Résultat : la pleine conscience induit un état de contrôle qui favorise la pensée divergente, ce style de pensée qui permet à de nombreuses idées nouvelles de faire irruption, sans être polluées.

Une autre étude[2] montre que la pratique de la méditation favorise la flexibilité psychologique. En réduisant la rigidité psychologique, c'est-à-dire notre tendance à être aveuglés par l'expérience et à réagir toujours de la même manière, nous ne sommes plus bloqués sur la même idée. Quand certaines habitudes se sont confortablement installées, il est assez difficile de les rompre. La méditation de pleine conscience favorise les possibilités de désengagement cognitif : en revenant à l'instant présent, nous décrochons des vieilles habitudes mentales. Le fait de méditer, en lui-même, permet d'avoir plus de créativité : nous laissons jaillir de nouvelles possibilités, de nouvelles réponses aux problèmes et aux questions qui se posent à nous.

## De David Lynch au rap !

David Lynch est, entre autres, réalisateur. Il pratique la méditation transcendantale, qui se différencie de la méditation de pleine conscience en ce qu'elle invite à répéter un mantra, alors que la pleine conscience recommande d'être dans

1. Lorenza S. Colzato, « Meditate to create: the impact of focused-attention and open-monitoring training on convergent and divergent thinking », *Frontiers in Psychology*, n° 18, 2012.

2. J. Greenberg, K. Reiner et N. Meiran « Off with the Old: Mindfulness Practice improves backward inhibition », *Frontiers of Psychology*, n° 3, 2012.

l'instant présent, sans jugement. Dans son livre *Mon histoire vraie : méditation, conscience et créativité*, il utilise l'image de la pêche : si l'on veut pêcher de petits poissons, on peut rester en surface ; mais si l'on veut pêcher un gros poisson, il faut descendre plus profondément. Et pour descendre « plus profondément », David Lynch recommande bien sûr de méditer, mais aussi de retrouver un sommeil de qualité, de cultiver les qualités de cœur et de ralentir nos vies. Celles-ci sont bien trop remplies : nous sommes stressés, accaparés par mille tâches, et nous ne prêtons plus attention à ce que nous faisons. Toutes ces occupations nous éloignent de notre but, qui est d'aller en profondeur. Les tâches inutiles prennent le pas sur la pensée créatrice qui n'est jamais à son maximum si nous n'accédons pas à un état de conscience plus profond.

Autre domaine intéressant : le rap ! La capacité d'improvisation des rappeurs nous éclaire également sur la créativité. Dans un NIH (National Institut of Health/institut national de la santé américain), il a été demandé à 12 rappeurs de mémoriser un petit bout de chanson puis d'improviser en freestyle sur une musique. Et cela sous IRM ! Au cours des périodes d'improvisation, différentes parties du cerveau ont modifié leur activation. Les zones impliquées dans le langage, les émotions et les mouvements physiques, étaient activées ; inversement, celles des fonctions exécutives, c'est-à-dire de la planification et de l'exécution de comportements complexes, étaient moins sollicitées. Ce relâchement des fonctions exécutives diminuerait notre tendance à l'autocensure et favoriserait l'émergence d'idées spontanées.

### → *L'apport de la pleine conscience*

Si nous voulons nous libérer des associations d'idées classiques, il faut laisser l'esprit vagabonder, imaginer de nouvelles possibilités, faire taire les critiques internes. Il est utile de réduire l'activité du réseau de l'attention – un peu, mais pas complètement – puis d'augmenter l'imagination.

– **Faire taire le mental.** Par effet de contraste, faire taire le brouhaha mental par la méditation permet à la création d'émerger. Le cerveau ne perçoit plus l'information superflue, laquelle ne vient plus encombrer le premier plan. Ce qui accapare l'esprit et empêche de créer est l'information paralysante, la pensée négative sur soi-même : « Ce que je fais est nul », « Je ne vais pas y arriver », « Ça n'intéresse personne », « C'est mauvais »...

– **Laisser être ce qui est là.** Créer suppose de s'écarter de la réalité, de multiplier les possibilités. Comme nous l'avons vu précédemment, la pensée systémique offre l'opportunité de « voir » plus grand, plus large, plus haut. Si nous nous focalisons sur la réalité concrète, l'imaginaire est bridé. En revanche, si l'esprit se promène, la créativité se libère. L'important est de prendre conscience de la dérive et du vagabondage mentaux. C'est ce que l'on appelle la « métacognition » ou la capacité à se regarder penser, sans se juger.

– **Oser.** Certains traits de la personnalité, comme la tolérance à l'ambiguïté ou la capacité à prendre des risques, sont des facteurs prédisposant à une plus grande créativité. Les sujets créatifs sont décrits comme faisant beaucoup d'erreurs parce qu'ils osent prendre des risques, parce qu'ils acceptent de se mettre en déséquilibre pour avancer.

– **Être dans le non-jugement.** La méditation permet d'accueillir toutes les idées, sans les juger, car toute idée pour devenir grande a besoin de temps. Les automatismes de ceux qui créent montrent qu'ils privilégient une manière ouverte et sans jugement pour laisser libre court à leurs nouvelles pensées.

– **Compter sur l'environnement.** Les hommes créatifs ont souvent plusieurs idées de génie au cours de leur existence. C'est à la fois une disposition génétique (ils avaient un certain « penchant ») et le fait d'un certain « contexte ». En dépassant les préjugés, la personne créatrice s'autorise à faire jour à la nouveauté. Une idée ne vient pas toute seule mais en interaction avec son environnement.

Pour Daniel Goleman[1], professeur à Harvard, « la pleine conscience crée une plate-forme mentale pour les pensées créatives et les idées inattendues. Lorsque l'on est dans cet état, il n'y a pas d'avocat du diable, pas de cynisme ni de jugement : juste la pure réceptivité à tout ce qui peut vous traverser l'esprit. » La méditation élargit les champs de la pensée, donc le champ du possible. L'attention focalisée permet de se concentrer, la pleine conscience de laisser « être » sans juger ce qui vient. C'est dans les moments de rêverie que la créativité se libère dans une illumination soudaine. Un compositeur de musique raconte qu'un accord inédit peut soudain résonner alors qu'il fait la vaisselle. Pourquoi ne pas être en pleine conscience la prochaine fois que nous nous trouvons au-dessus d'un évier ?

### Exercice 9
### Méditation assise en silence, sans support

**20 minutes**

✓ Prenez la position que vous préférez pour méditer.

✓ Essayez de vous attacher à ne fixer votre attention que sur votre corps, votre respiration et sur les sons.

✓ Repérez les pensées qui viennent.

✓ Notez simplement le sujet de votre préoccupation et revenez à l'exercice autant de fois que votre esprit sera parti vagabonder.

✓ Avec les applications indiquées en annexes (p. 257), déterminez votre temps optimal de méditation.

1. *Focus, Attention et concentration : les clefs de la réussite*, Robert Laffont, 2014.

**À retenir**

- La créativité est à la portée de tous.
- L'autocritique, le jugement, la distractibilité, la peur de l'échec sont autant de freins à la créativité ; en se remettant dans le présent, le potentiel créatif est libéré.
- La méditation permet de créer en innovant, c'est-à-dire en changeant de point d'observation ou en bousculant ce qui est habituel.
- La pleine conscience favorise la pensée divergente, un style de pensée qui permet à de nombreuses idées nouvelles d'émerger.

# Stimulez votre mémoire

**Souvent, vous cherchez vos clés ou vos lunettes. Vous oubliez votre mot de passe. Vous ne vous souvenez plus du prénom du voisin. La méditation est un remède efficace contre les trous troubles de la mémoire. Voyez comment dans ce chapitre.**

★ Jérémy, 22 ans, est coiffeur et il rêve d'ouvrir son propre salon. Pour devenir autonome, il doit renforcer son cursus. En ce moment, il étudie la comptabilité, le droit du travail, la gestion. Mais il ne se trouve pas très doué pour ça. Il se disperse facilement, n'arrive pas à se concentrer... Il a l'impression surtout de ne rien retenir. À l'approche de son examen, tout ce qu'il a appris s'évapore, pense-t-il. En s'entraînant à la pleine conscience, en fixant son attention dans le présent, il renforce sa mémoire immédiate, sa capacité à fixer les connaissances.

## Une mémoire de poisson rouge

Il est très fréquent d'avoir l'impression désagréable que notre mémoire flanche. Les enfants, eux, enregistrent facilement. Mais avec l'âge, nos capacités s'amoindrissent : apprendre quelque chose de nouveau nous demande plus de temps, d'efforts et de concentration.

Nous avons un mot sur le bout de la langue, nous oublions un prénom. Au supermarché, nous restons pantois devant les étalages : Que devions-nous acheter déjà ? À la maison, nous entrons dans une pièce et nous demandons ce que nous sommes venus y faire ! Nous égarons nos clés, perdons nos lunettes... Et sur Internet, heureusement que l'option « mot de passe oublié ? » existe puisque, en effet, nous oublions nos codes secrets.

Souvent, parce que notre attention est accaparée par autre chose, nous perdons la mémoire. C'est en partie lié à notre mode de fonctionnement par défaut, en pilote automatique. Philippe Claudel l'exprime avec poésie : « On ne commande pas sa mémoire, on peut parfois l'endormir un peu. »

## D'où viennent les troubles de la mémoire ?

Parmi les causes médicales qui sont sources de pertes de mémoire, nous retrouvons l'anxiété et la dépression. En effet, puisque le sujet est accaparé par ses ruminations, occupé par ses anticipations, il a du mal à fixer les informations. D'autres origines comme les problèmes de thyroïde, les carences en certaines vitamines, certains traumatismes crâniens ou encore la déshydratation peuvent aussi engendrer des troubles de la mémoire, une certaine confusion. Les effets secondaires de certains médicaments, comme les benzodiazépines, occupent une place à part. Ces molécules sont prescrites en cas d'anxiété et peuvent provoquer des pertes de mémoire. Heureusement, ces réactions sont réversibles : les souvenirs reviennent à l'arrêt du traitement. C'est un peu un comble : en voulant soulager une anxiété – et parfois sans expliquer au patient le risque de légère perte de mémoire – on peut majorer son angoisse…

## La mémoire, qu'est-ce que c'est au juste ?

En réalité, il n'y a pas une mémoire, mais plusieurs types de mémoires : perceptive ; à court terme, à long terme ; implicite et explicite ; sémantique, épisodique, procédurale.

– La **mémoire perceptive** intervient en premier, lorsque le cerveau perçoit un objet, avant même de lui donner une signification. Prenons le cas d'une perception visuelle : le cerveau perçoit une forme puis garde en mémoire son empreinte, de sorte qu'elle soit plus rapidement identifiée lorsqu'elle se présentera à nouveau.

– La **mémoire à court terme**, autrement appelée « mémoire de travail », est très reliée à la pleine conscience. C'est elle qui permet de mémoriser des données puis d'effectuer un calcul mental par exemple. Elle dépend de notre état de conscience. Cette mémoire de travail peut s'appuyer sur ce qu'on appelle le calepin visuo-spatial : quand on tente de retenir un numéro de téléphone, on l'affiche comme sur un écran ou on le répète en boucle.

– La **mémoire à long terme** est divisée en deux pôles. La mémoire explicite, qui raconte quelque chose sur nous, c'est-à-dire un épisode de notre vie – on parle alors de mémoire épisodique –, ou des connaissances que nous avons emmagasinées – il s'agit de la mémoire sémantique –, et l'implicite, ou procédurale.

– La **mémoire sémantique** sert à mémoriser la connaissance, une information sur soi, les autres ou le monde. Ce type de mémoire n'est pas lié à un événement mais à un fait : nos yeux sont verts, le ciel est bleu, la capitale de la Hongrie est Budapest.

– La **mémoire épisodique** correspond, elle, à des événements associés à un lieu et à une date. Nous nous souvenons d'un événement de vie marquant, la date de naissance d'un enfant par exemple ou le lieu de notre mariage. Nous nous rappelons aussi des situations de danger, le 11-Septembre, ou des traumatismes, le décès d'un proche.

– La **mémoire procédurale**, ou mémoire de l'action, engendre notre savoir-faire. Elle permet d'apprendre à conduire, par exemple, à maîtriser un nouveau logiciel. L'apprentissage est découpé en séquences. Quand on apprend à conduire, on passe d'abord en première. Pour passer la première, on met le pied gauche sur l'embrayage, la main droite sur le levier, et ainsi de suite. Peu à peu, la pratique est acquise et la tâche peut être exécutée sans réfléchir. La mémoire procédurale a conservé la trace des différents gestes. Le pilotage devient automatique !

Pour résumer :

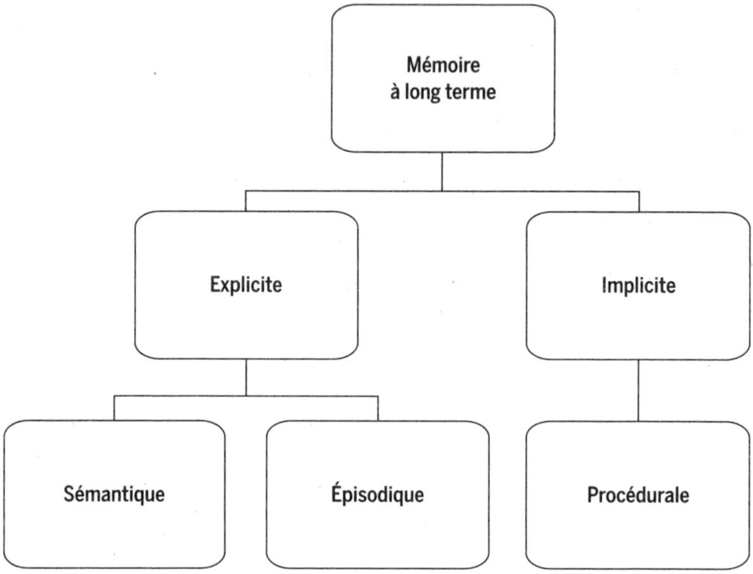


**Fondamental : Accepter les choses comme elles sont**

Autant vous le dire tout de suite, le concept de « lâcher prise » n'est pas d'un abord facile. Personne n'a envie de se laisser aller ou de se laisser faire, encore moins de devenir passif. Étant tous très occupés, l'idée de perdre notre temps nous est très désagréable. Nous avons des enfants à élever, un couple à construire, un emploi à préserver, des factures à régler... Bref, des engagements qui ne permettent pas la moindre désinvolture.

Il ne s'agit pas de cela. Il s'agit de regarder de plus près de quelle manière nous sommes en difficulté. Quels sont nos sujets de préoccupations ? Quelles sont les situations difficiles pour nous ? Les obsessions, les tourments, les angoisses, les soucis, les ennuis, les contrariétés nous éloignent de l'instant présent. Soit nous voulons les fuir et les éviter, soit, au contraire, nous perdons des heures et de l'énergie à vouloir les résoudre. Nous avons encore du mal à le croire, mais plus nous pensons à un problème, moins nous le résolvons rapidement. Parce que ruminer, et ruminer encore, encombre notre espace psychique. Comme le dit l'expression populaire « Ça nous prend la tête », au sens propre comme au figuré. Car plus nos problèmes accaparent notre esprit, moins nous avons d'espace libre en tête pour pouvoir penser avec clarté.

C'est justement de cette clarté (*clarity*) dont nous avons besoin. Pour cela, nous allons apprendre à repérer ces sujets problématiques, à faire un pas de recul pour enfin nous dire : « Ah oui ! C'est la pensée envahissante sur le dossier truc », « Il faut que je rappelle le plombier demain », « Le vaccin des enfants n'est pas à jour », « Au fait, je n'ai pas reçu la confirmation de la réservation pour les prochaines vacances ».

Mais attention ! C'est sur la sensation corporelle que nous allons lâcher prise, pas sur le sujet lui-même. Nous allons repérer qu'il y a quelque chose qui cloche, qui nous déplaît, qui nous met dans l'inconfort. Et nous allons accepter cet inconfort CORPOREL. Nous allons lâcher prise sur les tensions, les crispations que notre problème suscite, et permettre à toutes ces sensations – qui ne sont que des alertes de notre cerveau – de parcourir naturellement notre corps.

Nous ne changeons rien au problème : nous agissons sur ce qu'il engendre en nous. Car l'important n'est pas l'événement en lui-même mais ce que nous en faisons. Ce ne sont pas les vicissitudes qui nous rendent malades mais la façon dont nous les interprétons. C'est donc sur l'intensité de notre réaction corporelle que nous allons travailler. Retenez ceci : comprendre sans éprouver les sensations ne soulage pas de la souffrance, ni de l'inconfort ; mais éprouver les sensations sans pour autant comprendre permet d'aller mieux.

## Exercice 10
## Lâcher ses peurs

**20 minutes**

✓ Choisissez un événement au cours duquel votre réactivité émotionnelle vous a emporté, une situation représentative de ce qui vous pose problème, un moment désagréable où votre émotion vous a submergé, et qui encombre encore votre mémoire.

✓ Projetez-vous au début de l'épisode afin d'éprouver à nouveau les sensations corporelles. Vous allez revivre ce moment, et pas seulement le revoir, comme si c'était là, ici et maintenant. Souvent, nos souvenirs sont teintés de concepts, de jugements, c'est notre cerveau analytique qui s'actionne. Pour cet exercice, il convient de plonger à nouveau dans la situation en prenant le temps d'observer les sensations corporelles qui apparaissent. Dès que celles-ci reviennent, portez-y toute votre attention. Si vous ne les appréciez pas parce qu'elles sont douloureuses, déplaisantes ou inconfortables, vous aurez tendance à vous contracter, à les repousser, à les bloquer, par peur, par irritation. Chacune de ces réactions est le contraire de l'acceptation.

✓ Faites l'expérience de ces sensations corporelles, même si elles sont désagréables. C'est votre décision de les laisser s'exprimer. Vous avez choisi d'observer, du mieux que vous le pouviez, la façon dont vous vivez ce qui est présent. Accepter, accueillir vos sensations, c'est déjà expérimenter différemment la situation problématique. Vous cessez d'attendre que les choses changent, vous n'avez plus besoin de contrôler ou d'empêcher un ressenti. Vous êtes dans une posture de curiosité bienveillante. Même si ces sensations corporelles sont très désagréables, vous pouvez vous dire : « Ça va. Quoi que ce soit, ça va ! »

Et vous ? Quelle a été votre expérience ?

.......................................................................................

.......................................................................................

Accepter n'est pas se résigner. Accueillir est un premier pas vers la conscience de nos difficultés. Permettre est un acte volontaire.

C'est notre décision de lâcher prise, notre choix. Encore une fois, il ne s'agit pas d'accepter n'importe quoi ! Nous ouvrons les bras aux perceptions physiques qui nous traversent dans les moments désagréables, les laissons vivre en nous jusqu'au bout, c'est-à-dire jusqu'à disparaître.

### → *L'apport de la pleine conscience*

Imaginez un ordinateur en train de télécharger une application, un nouveau logiciel par exemple. Au même moment, vous voulez écrire un courrier sur un traitement de texte. Vous tapez, mais les lettres ne s'affichent pas aussi vite que d'habitude. En mode par défaut, votre cerveau est comme l'ordinateur qui télécharge : il n'est pas disponible pour effectuer la tâche du courrier.

La pratique de la méditation améliore en particulier la mémoire de travail, c'est-à-dire la mémoire à court terme. Dès lors que l'on est plus attentif à ses sens, à l'instant présent, la capacité d'observer et de retenir les détails est plus performante. Des étudiants américains, après deux semaines d'entraînement à raison de 20 minutes par jour, ont mieux réussi leur examen que leurs camarades. Moins de distractions, plus de concentration, donc plus de mémoire de travail.

Par ailleurs, c'est parce qu'elle agit sur le sentiment dépressif que la méditation favorise la mémoire. Un récent article du *New York Times*[1] passe en revue les effets de la pleine conscience sur la mémoire. Les patients dépressifs souffrent d'une faible mémoire à court terme et sont moins capables de maintenir une attention soutenue. Ils ont une mémoire un peu floue, peu

1. Alastair Gee, « Hazy recall as a signal foretelling depression », 9 mai 2011.

précise : ils ne se souviennent pas des détails des événements, comme si leur cerveau généralisait les souvenirs plutôt qu'il ne les précisait. Ce phénomène d'*overgeneral memory*, ou « mémoire englobante », révèle une imprécision quant aux détails, un flou dans le rappel des faits, du vague dans les souvenirs. Si nous sommes dépressifs, nous nous souvenons par exemple d'avoir « joué au ballon » mais sans doute pas d'avoir « joué au ballon avec Xavier, l'été dernier, dans son jardin ».

L'émotion fixe le souvenir. Les événements heureux, s'ils nous concernent, se fixent avec beaucoup de détails sensoriels, comme le jour de notre mariage ou de notre réussite à un examen. Or, la charge émotionnelle négative est mieux mémorisée lors d'un épisode dépressif. Lorsqu'on demande à des sujets dépressifs de raconter un événement heureux récent, ils ne donnent pas beaucoup de détails les concernant.

Les programmes de pleine conscience favorisent la construction et l'extraction des souvenirs. Plus nous pratiquons, plus nous stimulons notre mémoire. Parce que nous sommes plus présents, parce que nous faisons davantage attention, la pratique méditative permet de changer la manière d'encoder et d'extraire les souvenirs. Les études sur la rumination mentale, lorsque nous mâchons et remâchons le passé, suggèrent que l'attention autocentrée est une mauvaise adaptation à notre environnement ; elle perpétue la dépression, donc, un peu, nos oublis.

Et puis, stress et mémoire ne font pas bon ménage ! En examinant les effets de la pratique de la méditation, des chercheurs de Philadelphie, en Pennsylvanie, ont montré qu'un stress élevé et prolongé peut affecter les capacités de mémoire immédiate et conduire à des erreurs cognitives, comme des étourderies et des perturbations émotionnelles. L'hypothèse selon laquelle la pratique de la méditation protégerait des effets néfastes et délétères du stress prolongé a été confirmée. Nous pouvons donc en déduire un renforcement de la mémoire de travail.

Les méditants améliorent leur niveau d'affects négatifs, ils sont moins tristes, moins émus. S'il n'y a guère de différences sur les émotions positives, au moins les idées noires s'estompent.

**À retenir**

- Si nous sommes accaparés par nos ruminations, occupés par nos anticipations, nous avons du mal à fixer les informations.
- La pleine conscience développe la mémoire à court terme, autrement appelée « mémoire de travail ».
- Parce qu'elle agit sur l'attention, le stress et la dépression, la méditation augmente nos capacités de mémorisation.

# Développez votre empathie

**Vous avez souvent l'impression que les autres ne vous comprennent pas. Mais parfois c'est vous qui ne les comprenez plus du tout ! Vos relations sont houleuses, à la maison comme au bureau. Ce chapitre vous permettra de développer un remède efficace : l'empathie.**

★ Jean est employé au service après-vente d'un magasin de bricolage. Par définition, les clients viennent le voir parce que quelque chose ne va pas. Il n'a pas été préparé à écouter des plaintes à longueur de journée... D'un naturel timide, il n'est pas très à l'aise avec des inconnus. Récemment, il a eu un accident de travail : une pièce détachée métallique est tombée d'une étagère et lui a violemment heurté la tête. Jean a perdu connaissance, puis s'est réveillé dans le camion des pompiers qui le conduisait à l'hôpital. Heureusement, il y a eu plus de peur que de mal. Rétrospectivement, il se sent traumatisé. Depuis, il souffre de migraines et d'une légère dépression, accompagnée d'une phobie sociale. Jean est devenu méfiant, peureux. Les exigences des clients le gênent et lui font peur. Il a l'impression que tout le monde lui en veut. Sa confiance envers ses collègues s'étiole aussi : leur négligence a été à l'origine de son accident. Sa vie se confine de plus en plus, il ne sort plus, comptant sur son épouse pour le rassurer. Les neurologues lui affirment qu'il n'y a aucune séquelle physique. « C'est psychologique », lui dit-on... Avec la méditation de pleine conscience, Jean apprend à reconnaître ses émotions. Il commence par prendre conscience de son propre trouble : au moment de l'accident, il a éprouvé une peur immense, un effroi qui l'a complètement pétrifié. Il revit cet événement pour désactiver, pour digérer sa peur. Ses migraines s'espacent. Lâcher prise et permettre la sensation corporelle changent ses réactions

face au danger. Il développe davantage d'autocompassion : il a été la victime d'un accident, il méritait de prendre soin de lui.
Pour justement prendre soin de lui, il apprend à se recentrer d'abord sur lui-même, à se demander comment il se sent « là-tout de suite-maintenant ». Ensuite seulement il peut développer son empathie. Il reconnaît les émotions des autres, s'appuie sur une technique de communication pour instaurer le dialogue. Lorsque des clients se montrent plus virulents, il tente de comprendre et de nommer leur frustration. Avec sa femme et ses enfants, les relations sont plus sereines : en partant des faits, en disant son émotion et ses besoins, Jean dialogue bien plus facilement. Il va mieux.

## L'empathie, qu'est-ce que c'est ?

L'empathie est la capacité à reconnaître, comprendre et partager les émotions d'un autre. Ce terme vient du grec *empatheia* qui signifie « souffrir dedans ». L'empathie n'est pas la sympathie. Ce qui les différencie, surtout en français, est la notion de connivence : des points communs nous rendent l'autre sympathique. L'empathie n'est pas non plus la compassion, qui est la capacité de ressentir l'émotion d'autrui.

Comment l'empathie vient à l'esprit ? Elle est généralement déclenchée par la perception affective de l'autre ou par l'imagination cognitive de ce qu'il vit. S'imaginer les émotions d'un proche est un processus sophistiqué. Mais les reconnaître est probablement inné puisque cette habileté correspond à une compétence d'imitation. Notre nature nous permet de repérer les mouvements du corps et les expressions faciales de notre interlocuteur et de faire le parallèle avec nos propres émotions.

La méditation de pleine conscience développe cette capacité. Mais pourquoi la développer ? Simplement parce que « quelqu'un de tout seul » cela n'existe pas. Sans entrer dans des considérations religieuses, physiologiquement, nous ne pouvons pas vivre sans interactions. C'est la raison pour laquelle nous devons nous impliquer dans la comédie humaine ! Nous devons penser ou repenser nos relations pour qu'elles soient plus harmonieuses. Mais pour cela, nous devons commencer par changer notre relation à nous-mêmes. Nous ne pouvons aller nulle part si nous ne savons pas d'où nous partons. L'empathie envers soi est le premier pas. « Il reste toujours un peu de parfum à la main qui donne des roses », disait Confucius.

Mais d'où vient cette capacité ? Les neurosciences ont permis de comprendre l'origine de l'empathie dans le cerveau. Les neurones miroirs, mis en évidence en 1996, sont un groupe de neurones qui nous permettent d'apprendre en imitant. Par exemple, bien qu'immobiles, les zones motrices de notre cerveau s'activent si nous regardons quelqu'un bouger. Il en va de même lorsque nous voyons quelqu'un manger. Aujourd'hui, les études tentent d'expliquer les processus de base de l'empathie en isolant ces neurones miroirs et en mesurant leur activité. Les neuroscientifiques ont découvert ceci : les personnes dont les circuits de neurones miroirs présentent une forte activité réussissent mieux les tests d'empathie. Nous comprenons maintenant d'où vient le partage d'émotions.

## L'empathie, ciment du groupe

D'une certaine façon, nous nous représentons ce que seraient nos propres émotions en pareille situation. Nous n'avons pas d'aversion pour la réponse émotionnelle de l'autre. Par exemple, nous ne sommes pas dans la même détresse émotionnelle que lui mais nous la comprenons.

Les dispositions à l'empathie influent directement sur le caractère social d'un individu et la facilité avec laquelle il se comporte dans un groupe. Son apprentissage dépend, bien entendu, de l'éducation. Lorsque les parents invitent l'enfant à envisager les sentiments d'un autre, lorsqu'ils l'aident à réfléchir sur ses propres émotions, ils conditionnent les aptitudes empathiques du futur adulte.

L'absence d'empathie, ou son émoussement, est à l'origine de dysfonctionnements, d'épuisement dans les relations, voire de pathologies avérées.

- Dans les **troubles de la personnalité** comme la psychopathie, la personne est incapable de ressentir la détresse de l'autre. Elle ne ressent pas non plus de culpabilité. La souffrance d'autrui lui est indifférente parce qu'elle est incapable de la reconnaître et de l'éprouver elle-même.
- Des troubles de l'empathie ont été également soulignés chez **certains autistes**. La théorie de l'esprit décrit la capacité, pour un individu, de comprendre les perspectives de l'autre. L'empathie cognitive a fréquemment été employée comme synonyme, souvent retrouvée défaillante dans les pathologies du spectre de l'autisme.
- L'**alexithymie** est l'incapacité à reconnaître ses propres émotions et, par ricochet, celles des autres. Les personnalités alexithymiques ont souvent de nombreux troubles psychosomatiques.
- Les personnalités dites « **borderlines** », victimes d'un trouble caractérisé par l'instabilité et l'impulsivité, montrent elles aussi des capacités d'empathie défaillantes.

Sur le plan humain, l'empathie a été décrite comme le ciment du groupe, une valeur indispensable à la survie de l'espèce. Elle n'est pas le propre de l'homme : les cétacés, par exemple, ou les rongeurs sont tout aussi aptes à échanger socialement leurs émotions. Selon la psychologie évolutionniste, l'empathie est à l'origine des comportements sociaux. La capacité de se mettre à la place de l'autre est un facteur de comportement altruiste. Dans l'évolution, ceux qui ne se sont pas rapprochés de leur groupe par des comportements altruistes ont péri. La cohérence de la famille, du groupe social, de la communauté, du groupe religieux, de la nation dépend de l'empathie et de l'attachement. Dans le monde du travail, un manque d'empathie est source de dysfonctionnements : l'incompréhension entre les équipes, les salariés, les manageurs et l'entreprise a un impact considérable sur la productivité.

## L'indispensable attachement

Le lien d'attachement est ce qui nous lie à l'autre. Le premier est celui qui unit la mère à son enfant et qui se développe dès les premières interactions. Ce lien entre le nourrisson et sa toute première figure d'attachement fonde son développement, selon la théorie de l'attachement décrite par le psychiatre anglais John Bowlby et la psychologue américaine Mary Ainsworth.

Ce lien imprègne l'ensemble de nos relations affectives futures. Il permet de renforcer ou, au contraire, d'endommager notre capacité à prendre conscience de nos émotions, puis à les gérer. Il favorise aussi notre capacité à rebondir après l'épreuve. Ce ciment se développe grâce à la communication non verbale des interactions précoces : les gestes de la mère, ses regards, le ton de sa voix...

La sécrétion d'ocytocine, une hormone libérée au moment de l'accouchement, favorise ce lien. Comme tout enfant est traversé par des émotions de joie, de colère, de peur, de tristesse, l'adulte est attentif à ses besoins. Le type de lien entretenu dans la petite enfance conditionne les types de communication verbale et non verbale de l'adulte.

Un bébé se sent en sécurité et compris lorsque sa mère répond à ses cris et interprète ses besoins avec précision. L'insécurité affective se produit lorsqu'il y a un échec dans cette communication des émotions. Un lien d'attachement de qualité détermine l'aptitude, une fois adulte, à gérer le stress, à utiliser la communication de manière appropriée, à pouvoir pardonner.

Que se passe-t-il quand le lien d'attachement est insuffisant ?

Les expériences de communications inappropriées, rompues ou déviantes de l'enfance provoquent des incompréhensions dans les communications de l'adulte. Des interactions précoces dysfonctionnelles conduisent à une incapacité à construire des relations stables, à maintenir un équilibre émotionnel.

L'attachement « insécure » peut être causé par des négligences ou des abus, comme l'isolement ou la solitude. Ce sentiment d'insécurité affecte les relations entre adultes et peut devenir véritablement invalidant. Lorsque l'enfant manque de reconnaissance, de compréhension, de sécurité, parce que la mère est absente ou peu disponible, physiquement ou psychiquement, l'individu devient lui-même distant dans les relations.

L'attachement est instable, intrusif ou irrégulier, lorsque les figures d'attachement le sont. L'enfant va devenir anxieux, craintif, ne sachant pas à quoi s'attendre. Adulte, il sera disponible par moments mais rejetant à d'autres.

L'attachement peut être désorganisé, c'est-à-dire avec une alternance de périodes stables et instables. Ce type d'attachement est source de colère et d'agressivité puisque les besoins primaires de l'enfant ne sont pas reconnus. Plus tard, l'adulte ne peut établir une relation affective stable.

La pleine conscience est un outil impressionnant pour réparer un lien d'attachement défectueux. Elle nous permet d'identifier notre besoin de réassurance, de reconnaissance, nos angoisses d'abandon insatiables. Lorsque nous parvenons à reconnaître que nos attentes, nos frustrations et nos comportements résultent de problèmes liés à un attachement insécure, nous pouvons mettre fin ou, à tout le moins, moduler leur influence sur nos relations d'adultes. Cette reconnaissance nous permet de reconstituer des compétences de communication non verbale saines qui produisent un lien à autrui.

## L'intelligence émotionnelle

Revenir dans l'instant présent, et s'entraîner à le faire sans jugement, développe des compétences sociales insoupçonnées chez ceux qui s'en pensent incapables. En ce sens, l'intelligence émotionnelle est un outil de la pleine conscience. Pour illustrer nos propos, replongeons-nous dans *Harry Potter* ! Dans cette scène, Hermione Granger tente d'expliquer à Ronald Wesley les émotions :

> « Tu ne comprends donc pas ce qu'elle peut ressentir ? Eh bien, évidemment, elle est triste à cause de Cédric, et perturbée parce que Harry lui plaît et qu'elle se sent coupable, elle est ennuyée parce qu'Ombrage menace de virer sa mère du ministère et elle a peur de rater ses buses parce qu'elle est trop occupée à s'angoisser pour tout le reste[1]. »

Ronald Wesley lui dit :

> « On ne peut pas ressentir tout ça, on exploserait !
>
> – Parce que tu as la capacité émotionnelle d'une petite cuillère... lui répond Hermione[2]. »

Hermione a raison, nous pouvons parfaitement ressentir tout cela à la fois. Nous pouvons éprouver de la tristesse, de l'embarras, être perturbés, avoir peur, être ennuyés et... angoissés de ressentir tout cela.

L'intelligence émotionnelle a été décrite au début des années 1990 comme « l'habileté à percevoir et à exprimer les émotions, à les intégrer pour faciliter la pensée, à comprendre et à raisonner avec les émotions, ainsi qu'à réguler les émotions chez soi et chez les autres[3]. » Rendue populaire par le livre du chercheur en psychologie Daniel Goleman[4], l'intelligence

1. *Harry Potter*, trad. J.-F. Ménard, Gallimard, 1999.
2. *Ibid.*
3. P. Salovey et J. Mayer (1997).
4. D. Goleman, *L'Intelligence émotionnelle*, J'ai lu, 2003.

émotionnelle favorise les relations interpersonnelles et le leadership ; elle serait aussi un meilleur prédicteur de succès dans la vie sociale et le travail. Selon Goleman, l'intelligence émotionnelle présente quatre aspects :

- La **conscience de soi**, qui est la capacité à reconnaître ses émotions, ses pensées, ses sensations corporelles.
- La **maîtrise de soi**, qui permet de réguler ses émotions.
- La **conscience sociale**, synonyme d'empathie, qui est la possibilité de reconnaître l'émotion d'autrui, de la comprendre et de réagir en fonction d'elle.
- La **gestion de la relation**, qui découle des trois capacités précédentes et engendre le charisme et le leadership ; elle est l'habileté à gérer les conflits et à inspirer l'entourage.

→ *L'apport de la pleine conscience*

Apprendre à reconnaître ses émotions, ses sensations et ses pensées est le premier pas de l'intelligence émotionnelle – et notre fil conducteur depuis le début de ce livre : « Comment je me sens, là-tout de suite-maintenant ? » D'une certaine manière, l'intelligence émotionnelle suppose d'être dans le présent pour ressentir, de façon volontaire, sans jugement.

Lorsque nous méditons, nous apprenons à reconnaître les premiers signes physiques de l'angoisse. Par exemple, avant un rendez-vous, notre gorge se serre et notre respiration devient plus courte. Seulement, nous savons maintenant que ce n'est pas dangereux. Nous laissons faire la sensation, et elle passe rapidement. Nous pouvons désormais appliquer notre théorie à l'émotion d'autrui : nous pouvons la reconnaître et l'accueillir.

La reconnaissance des émotions sur le visage d'autrui est universelle puisque celles-ci ne connaissent pas d'ethnie ! Des Aborigènes aux Inuits, en passant par les Papous et les Pygmées, sur tous les continents, six émotions principales se retrouvent :

– le bien-être,
– la colère,
– le dégoût,
– la surprise,
– la tristesse,
– la peur.

Les sentiments, eux, sont plus nombreux et s'inscrivent dans la durée, comme par exemple la fierté, la honte ou la culpabilité. Nous ne sommes ni joyeux ni tristes toute une journée. En revanche, nous pouvons être fiers ou avoir honte pendant plusieurs jours.

Nous pouvons développer notre capacité à reconnaître les émotions, les nôtres et celles des autres. Naturellement, cette compétence se développe avec l'âge – les enfants en bas âge ont du mal à se mettre à la place de leur petit camarade mais, en grandissant, ils parviennent à décoder ce que celui-ci éprouve. Il ne s'agit pas de tout accepter d'autrui ! Mais simplement de devenir conscient des émotions de notre interlocuteur pour mieux les comprendre, les prendre en considération. L'empathie commence par la curiosité à l'égard des autres. Voici ce que tous nous pouvons lire sur les visages :

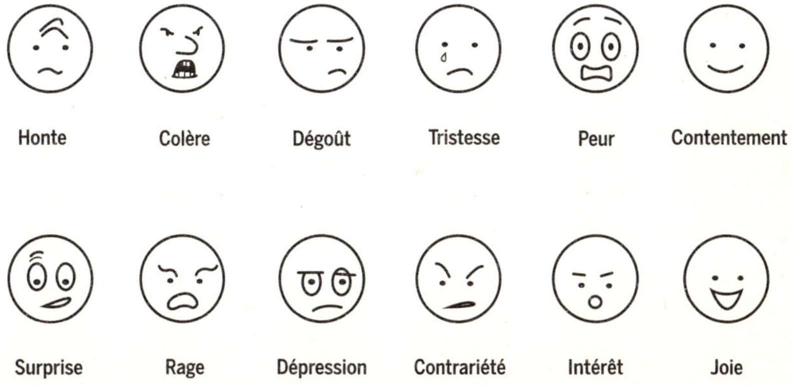

Savoir lire sur le visage de son interlocuteur est indispensable à de bonnes relations. Une étude étonnante a été faite à ce sujet. Pour éviter les rides et retarder le vieillissement, certains optent pour des injections de toxine botulique qui paralyse les muscles et tend la peau du visage. Les chercheurs ont remarqué qu'avec ces injections de Botox les expressions faciales étaient supprimées et qu'il était donc difficile de reconnaître les émotions. Ils sont allés plus loin et ont constaté que les interactions sociales étaient alors modifiées et amoindries.

**Test : Évaluez votre intelligence émotionnelle**

Voici quelques questions qui vous aideront à réfléchir sur vos qualités et vos limites en intelligence émotionnelle. Ce n'est pas un « test » d'intelligence émotionnelle proprement dit, mais un petit échantillon pour vous faire réfléchir sur vos propres compétences.

1. Êtes-vous généralement conscient de vos émotions et des raisons pour lesquelles vous vous sentez ainsi ?
2. Êtes-vous conscient de vos talents et de vos limites en tant que leader ?
3. Pouvez-vous facilement gérer vos émotions désagréables ? Par exemple, récupérer rapidement après vous être énervé ou stressé ?
4. Avez-vous une bonne capacité d'adaptation aux changements ?
5. Restez-vous concentré sur vos objectifs principaux, et savez-vous comment y parvenir ?
6. Pouvez-vous ressentir les émotions de vos proches, comprenez-vous leur façon de voir les choses ?
7. Avez-vous un talent de persuasion et utilisez-vous efficacement votre influence ?

8. Savez-vous régler les conflits ? Par exemple, négocier ou trouver un compromis satisfaisant ?
9. Savez-vous bien travailler en équipe ou préférez-vous travailler seul ?

Voici les résultats : il n'y en a pas ! La bonne nouvelle est que vos compétences en intelligence émotionnelle peuvent s'améliorer. À tout moment, vous pouvez progresser et développer votre potentiel.

## Communiquer en pleine conscience

L'assertivité est une attitude sociale, une compétence décrite comme l'équilibre entre l'agressivité et la passivité. Se montrer trop combatif ou trop gentil déséquilibre les relations sociales. Être assertif, en revanche, équilibre le lien. Mais que faire quand on ne l'est pas naturellement ? Il faut alors avoir recours à une méthode.

La Communication non violente (CNV) est une technique mise au point dans les années 1960 par Marshall Rosenberg. Plus près de nous, le formateur belge Thomas d'Ansembourg a largement contribué à sa vulgarisation. La CNV fonctionne comme un processus de résolution de conflit et repose sur l'empathie. Elle se concentre sur trois aspects de la communication :

- L'**autoempathie**, qui est la prise de conscience profonde et compatissante de sa propre expérience intérieure ; elle est indispensable pour faire la paix avec soi.
- L'**empathie**, qui est l'écoute de l'autre et de ses propres besoins, exprimés de façon authentique, donc capables d'inspirer la compassion.
- La **communication**, qui doit s'appuyer sur les faits, les émotions et les besoins.

La CNV repose sur l'idée que tous les êtres humains sont capables d'empathie et de compassion. Les mauvaises habitudes culturelles de penser ou de parler conduisent à la violence, verbale ou physique. Tous nos comportements répondent à un besoin. Le conflit surgit lorsque deux stratégies s'affrontent pour répondre aux besoins de chacun. Dès lors que nous pouvons identifier nos besoins, ceux des autres et les émotions qui les entourent, la plupart des conflits disparaissent.

L'affirmation de soi n'est ni la passivité ni l'agressivité. Il s'agit simplement d'exprimer ses pensées, ses émotions de façon appropriée. Dans toutes nos interactions sociales, à la maison, au bureau et même au supermarché, l'assertivité nous aide à nous exprimer d'une manière claire et transparente. La passivité et l'agressivité sont des impasses.

Lors d'une **réponse passive** ou soumise, le respect du désir de l'autre passe avant le respect du nôtre. C'est souvent parce que nous avons besoin d'être aimés et craignons d'être rejetés que nous adoptons une attitude passive. Mais en accordant davantage d'importance à autrui, nous déséquilibrons la relation à notre détriment. Le meilleur exemple de passivité est ce « oui » que nous disons alors que la demande est abusive et qu'elle appelait un « non ». Ce « oui » vient tout droit d'une faible estime de soi et d'un manque de confiance en soi.

Lors d'une **réponse agressive**, les besoins et les droits d'autrui se trouvent affaiblis. Il y a un large éventail de réactions agressives, comme la colère, le jugement, la fuite ou l'ironie. Généralement, un comportement agressif ne tient pas compte des opinions ou des sentiments des autres. Ils sont mis de côté au profit des seuls nôtres.

Toute interaction est un processus à double sens : nos réactions peuvent varier selon les situations et en fonction de notre interlocuteur. Nous pouvons être passifs avec notre mère et agressifs avec notre collègue ! Toujours est-il qu'un comportement passif ou agressif dans les relations interpersonnelles peut avoir de fâcheuses conséquences, tant sur les personnes avec lesquelles nous communiquons que sur la qualité des interactions ultérieures.

S'affirmer implique de prendre en compte nos souhaits, désirs, besoins, droits, ainsi que ceux d'un autre. En apprenant à exprimer nos « pensées-émotions-sensations corporelles » et en encourageant nos proches à faire de même, l'assertivité se développe. Écouter l'autre et lui répondre de façon appropriée, que l'on soit d'accord ou non avec lui, ça se cultive !

L'écoute doit être « active ». Nous devons pouvoir reformuler le discours de l'interlocuteur, sans jugement, parce que nous l'autorisons à adopter des points de vue différents. Cette écoute active est indispensable à la communication, notamment en famille ou au bureau, où parfois règne un dialogue de sourds ! Mieux vaut écouter les objections et entendre les commentaires plutôt que les interpréter en messages critiques ou en marques d'opposition.

**Kit de communication assertive en pleine conscience**

- Pour formuler une demande, une critique ou répondre à un reproche, utilisez le même modèle :
  - Commencez toutes vos phrases par « je ».
  - Dites d'abord que vous ne savez pas comment le dire.
  - Décrivez les faits.
  - Dites votre émotion.
  - Exprimez ensuite vos besoins.

- Dans le dialogue empathique, une fois que vous avez exprimé votre ressenti et vos besoins, ouvrez tous vos sens à l'attention de votre interlocuteur :
  - Regardez la personne dans les yeux.
  - Écoutez-la, c'est-à-dire attendez qu'elle ait fini sa phrase.

- Prenez le temps de ressentir l'émotion qui émane de votre interlocuteur.
- Donnez des signes d'attention, comme des hochements de tête et des « hmm... ».
- Reformulez ses propos pour vous assurer d'avoir bien compris.

• Dans tous les cas :
- Trouvez un équilibre : ne soyez « ni hérisson ni paillasson » !
- Votre objectif doit être l'intérêt commun. S'il y a un gagnant et un perdant, alors la relation n'est pas équilibrée. Votre objectif doit être l'intérêt commun.
- Changez de vocabulaire. Corrigez les tics verbaux qui consistent à commencer toutes vos phrases par « non » ou « tu ». Vous observerez que nous sommes nombreux à les utiliser...

## L'art de la bienveillance

Le moine bouddhiste et docteur en génétique Matthieu Ricard n'a cessé de développer dans ses ouvrages les bienfaits de la bienveillance. Les neurosciences, la psychologie, la philosophie, l'économie et l'écologie concourent à nous démontrer son intérêt. La psychologie positive, notamment, s'attache à observer les effets de la générosité, de la gratitude et de l'empathie. Nous devons apprendre à donner, à recevoir tout ce qu'il y a de positif, nous devrions aussi l'apprendre à nos enfants pour changer un peu les fondements de notre société. En cette période de crise et de doutes, alors que nos repères sont de plus en plus flous, nous gagnerions à parier sur la bienveillance, envers nous-mêmes, les autres, le monde. C'est, finalement, ce à quoi cet ouvrage vous invite.

## Exercice 11
## Méditation de l'amour bienveillant

**25-30 minutes**

L'amour bienveillant est l'antidote à la fureur trop dévorante pour être géré de manière directe. Il rend les émotions plus abordables.

Installez-vous comme pour une méditation assise. Prêtez attention à votre posture, digne et droite.

Visualisez une personne qui vous aime ou vous aimait d'un amour inconditionnel. Évoquez les qualités de l'amour que cette personne vous adresse ou vous adressait. Vous ressentez l'aura de cet amour pour vous. En respirant avec ces sensations, vous vous immergez. Imprégnez-vous de la sensation d'être indéniablement, inconditionnellement aimé et accepté.

Vous demeurez dans l'éclat de son empreinte sincère sans avoir à mériter cet amour. Il se peut que vous ne vous en sentiez pas digne, peu importe. Ce qui l'emporte c'est que cet amour vous est destiné maintenant. Ressentez le bonheur d'être entraîné, bercé par le rythme du cœur aimant d'un autre et par la cadence de votre propre souffle. Laissez la chaleur de ce champ rayonnant étreindre et envelopper votre cœur. Si vous avez du mal à visualiser et à vous rappeler une telle personne à cet instant, faites appel à votre imagination : imaginez avec netteté les sentiments d'amour, de bienveillance et d'estime. C'est une manière toute aussi efficace pour cette pratique.

À présent, quand vous êtes prêt, voyez si vous pouvez devenir la source plutôt que l'objet de ces sentiments. Acceptez-les comme s'ils étaient les vôtres, en harmonie avec votre cœur et votre respiration. Vous bercez en vous l'acceptation et la bienveillance envers vous-même. Délectez-vous de cet amour, semblable à celui d'une mère qui étreint son enfant. Faites comme si vous étiez à la fois la mère et l'enfant. Bercez votre estime de vous-même. Laissez ce sentiment venir à vous, naturellement. À dose infime c'est un baume et l'antidote à la négativité, l'autocritique, la haine de soi tapie dans notre psyché.

Murmurez les phrases, doucement et à votre rythme, ressentez, éprouvez, affirmez :

« Que je sois à l'abri et en sécurité, préservé de tout mal intérieur ou extérieur.

Que je sois heureux et satisfait.

Que je sois aussi sain et complet que possible.

Que je connaisse le confort du bien-être. »

Répétez deux ou trois fois cette phrase, qu'il peut, au début, sembler artificiel de dire.

Qui est le « je » qui dit ces mots et ce « je » qui reçoit ? La sensation de complétude, de satisfaction et de joie s'empare de vous. Vous êtes digne de l'amour bienveillant comme tout le monde. L'accepter c'est accorder son instrument avant d'en jouer dans le monde. Votre amour ne peut être ni aimant ni bienveillant s'il ne s'applique pas à vous-même. Une fois que vous avez établi autour de vous un champ d'amour, vous pouvez élargir celui du cœur, de même que l'état de conscience.

Nous pouvons l'élargir d'abord à une personne. Invoquez le sentiment ou l'image de quelqu'un pour qui vous avez de l'affection, quelqu'un dont vous êtes proche, qu'il s'agisse d'un enfant, d'un parent. Pouvez-vous l'accueillir dans votre cœur, dans votre amour bienveillant ? Souhaitez-lui du bien :

« Qu'il soit à l'abri et en sécurité, préservé de tout mal intérieur ou extérieur.

Qu'il soit heureux et satisfait.

Qu'il soit aussi sain et complet que possible.

Qu'il connaisse le confort du bien-être. »

Imprégnez-vous de l'émotion avec l'intention et le sentiment que recèle chaque phrase.

Invitez dans le champ du cœur aimant ceux avec qui vous avez une relation plus neutre, comme un voisin, un collègue. Bercez-les :

« Qu'ils soient à l'abri et en sécurité, préservés de tout mal, intérieur ou extérieur.

Qu'ils soient aussi sains que possible.

Qu'ils connaissent le confort du bien-être. »

Accueillez ceux et celles qui vous posent problème, avec lesquels vous avez eu un différend ou qui vous ont blessé. Autant que faire se peut, essayez de les accueillir dans votre espace vital :

« Qu'ils soient à l'abri et en sécurité, préservés de tout mal intérieur ou extérieur.

Qu'ils soient heureux et satisfaits.

Qu'ils soient aussi sains et complets que possible.

Qu'ils connaissent le confort du bien-être. »

Votre capacité à aimer n'a pas de limites. Peut-être votre cœur est-il plus grand et plus sage que vous ne le pensez. Vous pouvez élargir ce champ d'amour à tous vos voisins, à votre quartier, à votre communauté.

Vous pouvez également inclure ceux qui ont moins de chance que vous, ceux qui sont à la merci de leurs ennemis, qui vivent dans la peur. Peu importe ce qui les motive, ils veulent tous être en sécurité et préservés de tout mal. Nous sommes unis dans notre aspiration à être heureux. Puis vous pourrez étendre votre demande à tout l'Univers.

Cette méditation de l'amour bienveillant peut paraître simpliste ou un peu niaise. En revanche, si nous voulons bien lui prêter attention, elle permet de prendre conscience de la façon de changer nos relations et notre manière d'être avec ceux qui nous aiment, ceux que nous aimons, ceux que nous aimons moins et ceux que nous n'aimons pas beaucoup. Mettre la pleine conscience dans notre relation à l'Autre fait aussi partie de notre accomplissement.

**À retenir**

- L'empathie est la capacité à reconnaître, comprendre et partager les émotions d'un autre ; elle est essentielle puisque nous sommes des êtres sociaux.
- La méditation peut réparer un lien d'attachement défectueux, à l'origine de mauvaises relations avec les autres.
- Tous les êtres humains sont capables d'empathie et de compassion ; les mauvaises habitudes culturelles de penser ou de parler conduisent à la violence, verbale ou physique.
- La pleine conscience repose sur l'attention portée à nos « pensées-émotions-sensations corporelles ». Et celles des autres…

## Pour l'avenir

Nous y sommes ! Les réactions automatiques font partie du passé. Tout au long du processus, l'accent a été mis sur la conscience, l'acceptation. Nous avons appris à répondre plutôt qu'à réagir. L'acceptation nous permet de sortir du mental et libère de l'espace psychique : nous pouvons choisir une autre voie, sans chercher à changer ce que nous ne pouvons pas changer.

Il se peut que, parfois, nous ayons encore du mal à modifier notre posture. La rumination et l'impuissance s'installent. Seulement, maintenant, nous pouvons le percevoir et prendre la décision d'accepter de ne pas tout contrôler. Choisir de ne rien faire est un moindre mal. Alors que s'obstiner, encore et encore, nous conduit à des comportements vains et coûteux en énergie vitale, jusqu'à nous rendre malades.

Laissons tomber ce qui n'en vaut pas la peine ! Ou, selon l'expression populaire, « Laisse tomber la neige, ça ne fait pas de bruit. » Ou encore, dans un élan plus spirituel :

***PRIÈRE DE LA SÉRÉNITÉ***

*Puissé-je avoir la sérénité*
*d'accepter les choses que je ne peux pas changer,*
*le courage de changer les choses que je peux changer*
*et la sagesse d'en connaître la différence.*

Comment faire vivre la pleine conscience au quotidien ? Pour maintenir un équilibre et contrebalancer le stress, la pratique de la méditation vous permet de prendre soin de vous. La pratique formelle, c'est-à-dire les temps de méditation que vous vous accordez, est une partie de la pleine conscience. L'autre partie est la pleine conscience informelle, celle qui s'intègre au quotidien.

### La pleine conscience de tous les jours

- Au réveil, prenez le temps, dans votre lit, avant même d'avoir posé le pied à terre, de vous interroger : « Comment je me sens là-tout de suite-maintenant ? » Il est fréquent d'avoir du mal à « entrer » dans la journée, tant la perspective d'avoir mille choses à faire ou à régler est stressante. Mais là, dans votre lit, il n'est encore rien arrivé. Respirez quelques instants en pleine conscience.
- Saupoudrez votre quotidien de pleine conscience, lorsque vous préparez le petit déjeuner, sous la douche, lors de vos trajets...
- Tâchez de vous connecter à votre corps aussi souvent que possible pour repérer les sensations corporelles. Qu'éprouvez-vous ? Par exemple, êtes-vous en train de vous dépêcher ? Pour quoi faire ? Est-ce bien utile ?
- Profitez des sons, des bruits extérieurs pour vous ancrer dans le présent, tout au long de la journée. Comptez aussi sur votre respiration.

- Mettez à profit tous les moments d'attente – et ils sont nombreux ! « Attente = Détente » doit être votre nouveau slogan quand vous êtes dans les embouteillages, dans le métro, au téléphone, quand vous faites la queue au supermarché, etc. Respirez ! Il n'y a rien à faire, ne luttez pas, ne pestez pas, acceptez, lâchez prise. Et observez votre corps quand vous attendez.
- Avant de boire ou de manger, prenez un instant pour effectuer quelques respirations et vous recentrer. Réfléchissez à la provenance, à la transformation, au transport de cet aliment, au travail qu'il a demandé. Puis, à l'instar du grain de raisin sec, faites le tour de vos cinq sens avant de le porter à votre bouche. Posez votre fourchette entre chaque bouchée, mâchez entre 10 et 20 fois avant de déglutir. Avez-vous besoin ou envie de manger la bouchée suivante ?
- Côté interactions sociales maintenant. Soyez toujours attentif à vos propos et à ceux de votre interlocuteur. Pouvez-vous écouter sans être d'accord ? Attendez-vous votre tour pour répondre ? Êtes-vous tenté de minorer ou d'exagérer votre discours ? Savez-vous pourquoi ? Prêtez attention à vos sensations corporelles. Dans un échange en pleine conscience, il convient d'« avoir tous les trous ouverts » !
- Si vous devez participer à une réunion ou un rendez-vous, prenez le temps d'observer quelques secondes les tensions de votre corps : le cou, les épaules, les mâchoires, le ventre. En « observant le penseur », vous observez aussi son corps.
- Avant de dormir, effectuez plusieurs respirations en pleine conscience.
- Si vous vous réveillez au milieu de la nuit, réjouissez-vous ! Posez toutes vos pensées sur la table de chevet, vous les reprendrez demain matin. Focalisez votre attention sur votre respiration, écoutez votre cœur qui bat.

Et après ? Jon Kabat-Zinn incite à pratiquer le plus régulièrement possible : « Ce n'est pas le jour où il faut sauter de l'avion qu'il faut tisser son parachute, c'est tous les jours[1]. » Décidez du moment de la journée le plus opportun pour vous,

1. *Au cœur de la tourmente, la pleine conscience...*, J'ai lu, coll. « Bien-être », 2012.

et allez-y ! N'oubliez pas : une nouvelle habitude s'acquiert en seulement trois semaines. Et d'aucuns affirment qu'après six mois de pratique, les méditants ne s'arrêtent plus, tant les effets bénéfiques de la pleine conscience sont immenses.

# Conclusion

*Un vieil Indien explique à son petit-fils*
*qu'en chacun de nous deux loups se livrent bataille.*
*Le premier loup représente la sérénité, l'amour et la gentillesse.*
*Le second loup représente la peur, l'avidité et la haine.*
*– Lequel des deux loups gagne ? demande l'enfant.*
*– Celui que l'on nourrit, répond le grand-père.*

## Se prendre en charge

Nous ne sommes pas très enclins, en France, à prendre soin de nous. Habitués à ce que la collectivité prenne en charge nos problèmes de santé, nous sommes toujours prompts à râler ! La loi nous impose de boucler notre ceinture ou de ne pas fumer dans les espaces publics, et nous avons l'impression qu'elle nous prive de liberté. Si notre entreprise veut favoriser notre équilibre, nous poussons des cris d'orfraie : de quel droit nous impose-t-on la santé ? Et quand une compagnie d'assurances nous demande une surprime parce que nous avons un problème de santé lié à notre comportement délétère, nous crions à l'injustice et au jugement de valeur !

De l'étranger, on nous regarde comme des enfants gâtés et récalcitrants à l'éducation pour notre bien-être. Nous attendons d'être confrontés à la maladie ou à la difficulté pour enfin nous bouger.

La médecine comportementale nous offre la possibilité de prendre nos responsabilités. Nous pouvons devenir très actifs dans notre implication à demeurer en bonne santé. Ne plus se détruire n'est pas une privation de liberté. Prendre soin de soi, de son corps, mais aussi de son esprit, grâce à notre initiative, notre volonté et notre implication, est précisément une liberté !

La médecine comportementale se consacre à une étude plus large de notre santé parce qu'elle prend en considération la relation corps-esprit, notre environnement, notre style de vie. Nous connaissons aujourd'hui les effets de notre comportement sur notre santé : fumer, boire ou manger avec excès peut causer des troubles. Cela révolutionne la prévention, le soin, et jusqu'à la guérison !

Mais nos croyances, notamment au sujet du corps et de la maladie, conditionnent elles aussi la façon dont nous allons répondre à une infection ou un virus. Notre regard a un impact sur notre équilibre. Nous pouvons apprendre à faire face quand tout semble trop lourd. Nous ne sommes pas uniquement dépendants de la médecine et des médecins. La première est un art mais elle ne peut pas tout, elle a ses limites. Les seconds, eux, mettent à notre disposition leur savoir et leur savoir-faire. Mais nous devons aussi prendre nos responsabilités et modifier nos habitudes, changer de croyances, de pensées pour veiller sur notre santé. Nous avons la possibilité de contribuer directement à notre propre bien-être, physique et psychologique, nous pouvons prendre des décisions pour notre avenir et faire des choix qui nous rapprochent de nos valeurs. Participer activement à notre existence, à notre « survie », doit devenir une victoire. Une victoire à laquelle la méditation peut participer.

## Accueillir « l'ours blanc »

Réguler ses émotions c'est observer son esprit et son corps différemment. La pratique de la pleine conscience nous apprend à repérer le vagabondage mental, à revenir à l'instant présent, à nous ancrer dans la respiration pour demeurer dans l'ici et maintenant, à nous détacher de nos pensées, à identifier ce trio que représentent nos « pensées-émotions-sensations corporelles ». Dès lors que nous savons nous décentrer, l'émotion diminue, comme par enchantement.

Notre but n'est pas forcément d'être au top, mais de prendre conscience des jugements et opinions de notre ego. La pleine conscience ne requiert aucune habileté particulière : il s'agit de supporter ce qui est là et de faire attention à l'expérience même quand elle est déplaisante. L'inconfort, le stress, l'angoisse et la dépression naissent de notre incapacité à ne pas accepter les choses telles qu'elles sont. Seulement, les pensées ne sont pas des faits. Alors, lâchons ces manifestations psychiques négatives et devenons plus tolérants. Laissons entrer « l'ours blanc », selon l'image utilisée par le psychosociologue américain Daniel Wegner pour désigner les pensées indésirables (*unwanted thoughts*) ; mieux vaut le laisser passer son chemin dans notre esprit plutôt que de lutter pour lui barrer la route…

Le problème n'est pas le stress mais ce que nous en pensons. La méditation nous permet de ne plus combattre les émotions négatives mais de changer la relation que nous entretenons avec elles.

Faire la paix avec son stress le désamorce. Nous avons le choix de nous engager dans cette voie. D'après la psychologie positive, cette science qui tend à étudier ce qui permet d'aller bien dans la vie plutôt que d'examiner comment guérir ce qui va mal, notre aptitude au bonheur est déterminée génétiquement à 50 %. L'environnement intervient à hauteur de 10 %.

Le reste dépend de ce que nous faisons de notre vie. Alors, oui, nous avons le choix d'être heureux.

## Qu'attendre de la méditation ?

Puisque, peut-être, vous n'avez pas encore pratiqué la pleine conscience, écoutez ceux et celles qui s'y sont attelés avant vous ! À la fin d'un séminaire de huit semaines, un questionnaire était remis aux participants pour faire le point, un petit bilan du stage. Sans retranscrire ici l'intégralité de leurs témoignages, voici ce qu'ils voudraient partager avec vous.

Leurs motivations étaient : l'envie de prendre du recul, cesser de souffrir, concrétiser une lecture sur le sujet, apprendre à traverser les périodes difficiles, gérer le surmenage, arrêter de ruminer, appréhender les grosses bouffées de stress, rester dans l'action après un choc émotionnel.

Ils espéraient acquérir une méthode pour devenir autonomes, efficaces, pour mieux se connaître, gagner en sérénité et s'approprier des exercices faciles à mettre en place.

Ils affirment que le programme leur a apporté une bienveillance, un respect de soi, un moyen de sortir de leurs comportements délétères. Ils ont pu diminuer leur niveau d'angoisse. Ils disent avoir appris à regarder une situation de l'extérieur, à observer sans juger, à s'accepter eux-mêmes. Certains ont même pris un certain plaisir à se concentrer ainsi pour méditer. D'autres, très nombreux, soulignent la puissance d'une prise de conscience : non, les pensées ne sont pas des faits. Tous peuvent maintenant prendre des décisions sans jugement, beaucoup plus rapidement. La possibilité de faire un choix sans culpabilité est un vrai bonheur.

En termes d'efficacité personnelle, de nombreux participants ont constaté ne plus se disperser autant, tant dans leur travail que dans leur vie personnelle. Ils ont appris à faire une chose à la fois avec attention, concentration.

Concernant les blocages, les freins à la méditation, ils affirment que le plus difficile est de trouver du temps pour pratiquer. Il ne leur est pas simple de s'accorder un moment rien qu'à eux.

Le témoignage le plus touchant est probablement celui de Violette qui dit avoir perdu beaucoup de ses illusions, acquis une lucidité et une maturité importantes. Elle sait désormais prendre du recul et peut surtout « choisir ses combats ».

**À vous !**

Nous sommes pleins de ressources mais n'y avons pas toujours pleinement accès. Apprendre à nous mettre en phase avec nous-mêmes, avec toute notre vitalité, est possible grâce à la pratique méditative. Chacun cherche un sens à son existence, un accomplissement. L'agitation de nos pensées nous épuise. Nous devons nous réconcilier avec nous-mêmes, sortir des pièges de l'ego, développer la confiance en soi. Ainsi nous serons aussi disponibles à nous-mêmes et aux autres.

Quelques derniers conseils avant de vous quitter – pour peut-être nous retrouver un jour en formation.

- Capitalisez sur votre aptitude à vous remettre dans le présent, à ne plus vous laisser embarquer par des trains de pensées stériles, à investir votre énergie dans vos projets de vie.
- Recréez-vous : votre vie doit correspondre à vos vraies valeurs. Vous avez le savoir, le savoir-faire et le savoir être.
- N'oubliez pas que votre meilleure amie est votre respiration.
- Les clés de la réussite sont la confiance en soi, l'autonomie et la motivation que vous avez développées tout au long de cet ouvrage.
- Les périodes de crise sont l'occasion de progresser. Nous sommes en plein dedans ! C'est le moment. Réinventons notre relation aux autres.

- Félicitez-vous pour les minutes que vous allez vous accorder à méditer, même si elles sont peu nombreuses. Remerciez-vous de vous accorder ce temps en pleine conscience.
- Allez-y, le plus dur est de commencer. Mais comme le disait Pythagore : « Le commencement est la moitié du tout. » Demain, vous aurez donc déjà fait la moitié du chemin…

# Annexes

## Bibliographie

*Ouvrages consultés*


Benson H., M. Z. Klipper, *The Relaxation Response*, HarperTorch, Reissue, 2000

Bibas L., *Manuel de Mindfulness, pratique et méditations de pleine conscience*, Eyrolles, 2012

Carroll M., *The Mindful leader*, Trumpeter Books, 2007

Carroll M., *Awake at work*, Shambala Publications, 2004

Chaskalson M., *Méditer au travail pour concilier sérénité et efficacité*, Les Arènes Publications, 2013

Cheung L., Savor, *Mindful Eating, Mindful Life*, Thich Nhat Hanh, Harper One, 2011

Chopra D., *The Spontaneous Fulfillment of Desire: Harnessing the Infinite Power of Coincidence*, Harmony, 2004

Chopra D., *Le Livre des coïncidences*, J'ai lu, 2009

Clance P. R., *The Impostor Phenomenon: Overcoming the Fear that Haunts Your Success*, Peachtree Publishers ltd, 1985

Covey S. R., *Seven Habits of Highly Effective People*, Running Press, 2000

Csikszentmihalyi M., *La Créativité : psychologie de la découverte et de l'invention*, Robert Laffont, 2006

Cziksentmihaly M., *Flow : the psychology of optimal experience harper perennil*, Modern Classics, 2008

Dobelli R., *The Art of Thinking Clearly*, Harper, 2013

Goleman D., *Focus. Attention et concentration, les clefs de la réussite*, Robert Laffont, 2014

Goleman G., *L'Intelligence émotionnelle : Comment transformer ses émotions en intelligence*, Robert Laffont, 1997

Hanson R., *Le Cerveau de Bouddha*, Les Arènes, 2011

Hanh T. N., *Work: How to Find Joy and Meaning in Each Hour of the Day*, Parallax Press, 2012

James W., *Principles of psychology*, Dover Publications, 1950

Kabat-Zinn J., *Au cœur de la tourmente, MBSR, la réduction du stress basée sur la mindfulness : programme complet en huit semaines*, De Boeck, 2009 ; J'ai lu, 2012 (éd. originale : *Full Catastrophe Living Using the Wisdom of Your Body and Mind to Face Stress, Pain and Illness*, Delta New Edition, 1990)

Kagan J., *Galen's Prophecy: temperament in human nature*, Basic Books, 1994

Krishnamurti J., *Le Sens du bonheur*, Le Seuil, coll. « Points », 2014

Lachaux J.-P., *Le Cerveau attentif*, Odile Jacob Sciences, 2013

Ladouceur R., *Arrêtez de vous faire du souci pour tout et pour rien*, Odile Jacob, 2010

Maisel E., *The Creativity Book: A Year's Worth of Inspiration and Guidance Tarcher*, First Edition, 2000

Maisel E., *Everyday You: Create Your Day with Joy and Mindfulness*, Conari Press, 2007

Osho, *From Medication to Meditation*, The C.W. Daniel Company, 1994

Pang A. S.-K., *The Distraction Addiction: Getting the Information You Need and the Communication You Want, Without Enraging Your Family, Annoying Your Colleagues, and Destroying Your Soul*, Little Brown and Company, 2013

Poupard G., V. S. Martin, *Les Thérapies brèves*, Armand Colin, 2012

Puddicombe A., *Mon cours de méditation*, Marabout, 2012

Ricard M., *Plaidoyer pour l'altruisme, la force de la bienveillance*, éd. Nil, 2013

Rosenfeld F., *Méditer c'est se soigner*, Les Arènes, 2007

Ruiz M., O. Clerc, *Les Quatre Accords toltèques, la voie de la liberté personnelle*, Jouvence, 1999

Segal Z. V., J. M. G. Williams, J. D. Teasdale, *Mindfulness-Based Cognitive Therapy for Depression*, The Guilford Press, 2002

Seligman M., *Learned-Optimism-Change-Your-Mind*, Reissue, 1998

Selye H., *The Physiology and Pathology of Exposure to Stress*, Acta, 1950

Selye H., *The Stress of life*, McGraw Hill, 1978

Stahl B., E. Goldstein, *A Mindfulness-Based Stress Reduction*, New Harbinger Publications, 2010

Tan C.-M., *Connectez-vous à vous-même*, Belfond, 2014

Tolle E., *Le Pouvoir du moment présent*, Ariane Publications, 2000

### *Articles consultés*

Abbott R. A., R. Whear, L. R. Rodgers, A. Bethel, J. Thompson Coon, W. Kuyken, K. Stein, C. Dickens, « Effectiveness of mindfulness-based stress reduction and mindfulness based cognitive therapy in vascular disease: A systematic review and meta-analysis of randomised controlled trials », *Journal of Psychosomatic Research*, mai 2014

Alberts H. J., R. Thewissen, « The Effect of a Brief Mindfulness Intervention on Memory for Positively and Negatively Valenced Stimuli », *Mindfulness*, juin 2011

Anderson D. E., J. D. McNeely, M. A. Chesney, B. G. Windham, « Breathing variability at rest is positively associated with 24-h blood pressure level », *American Journal of Hypertension*, décembre 2008

André C., « L'attention volée », *Cerveau & Psycho*, n° 47, septembre-octobre 2011

Andrews P. W., J. A. Thomson, « The bright side of being blue: Depression as an adaptation for analyzing complex problems », *Psychological Review*, juillet 2009

Baas M., B. Nevicka, F. S. Ten Velden, « Specific Mindfulness Skills Differentially Predict Creative Performance », *Personality and Social Psychology Bulletin*, mai 2014

Baer R. A. , « Self-focused attention and mechanisms of change in mindfulness-based treatment », *Cognitive Behaviour Therapy*, n° 38, 2009

Bakker J. M., R. Lieverse, C. Menne-Lothmann, W. Viechtbauer, E. Pishva, G. Kenis, N. Geschwind, F. Peeters, J. van Os, M. Wichers, « Therapygenetics in mindfulness-based cognitive therapy: do genes have an impact on therapy-induced change in real-life positive affective experiences ? », *Translational Psychiatry*, avril 2014

Baron-Cohen S., S. Wheelwright, « The empathy quotient: an investigation of adults with Asperger syndrome or high functioning autism, and normal sex differences », *Journal of Autism and Developmental Disorders*, avril 2004

Bhowmick S., A. Singh, R. A. Flavell, R. B. Clark, J. O'Rourke, R. E. Cone, « The sympathetic nervous system modulates CD4 FoxP3 regulatory T cells via a TGF-beta-dependent mechanism », *Journal of Leukocyte Biology*, décembre 2009

Bishop S. R., M. Lau, S. Shapiro, L. Carlson, N. D. Anderson, J. Carmody et al., « Mindfulness: A proposed operational definition », *Clinical Psychology: Science and Practice*, n° 11, 2004

Black D. S., R. J. Semple, P. Pokhrel, J. L. Grenard, « Component Processes of Executive Function-Mindfulness, Self-control, and Working Memory-and Their Relationships with Mental and Behavioral Health », *Mindfulness*, septembre 2011

Booth-Kewley S., H. S. Friedman, « Psychological predictors of heart disease: a quantitative review », *Psychological Bulletin*, mai 1987

Borst G., A. Dubois, T. I. Lubart, « Structures et mécanismes cérébraux sous-tendant la créativité : une revue de la littérature », *Laboratoire Cognition et Comportement (CNRS-FRE 2987)*, Paris-V

Boyatzis R. E., A. McKee, Resonant Leadership: Renewing Yourself and Connecting with Others Through Mindfulness, Hope and Compassion, *Harvard Business Review Press*, 2005

Brefczynski-Lewis J. A., A. Lutz, H. S. Schaefer, D. B. Levinson, R. J. Davidson, « Neural correlates of attentional expertise in long-term meditation practitioners », *Proceedings of the National Academy of Sciences (US)*, vol. 104, 2007

Brown C., A. Jones, K. P. Anthony, « Psychobiological Correlates of Improved Mental Health in Patients With Musculoskeletal Pain After a Mindfulness-based Pain Management Program », *Clinical Journal of Pain*, n° 3, 2013

Brown K. W., R. Richard, « The benefits of being present: Mindfulness and its role in psychological well-being », *Journal of Personality and Social Psychology*, n° 4, 2003

Capurso V., F. Fabbro, C. Crescentini, « Mindful creativity: the influence of mindfulness meditation on creative thinking », *Frontiers in Psychology*, n° 4, 2013

Carmody J., « Evolving conceptions of mindfulness in clinical settings », *Journal of Cognitive Psychotherapy*, n° 23, 2009

Cash H., C. D. Rae, A. H. Steel, A. Winkler, « Internet Addiction : A Brief Summary of Research and Practice », *Current Psychiatry Reviews*, novembre 2012

Caspi A., K. Sugden, T. E. Moffitt, A. Taylor, W. Craig, H. Harrington, J. McClay, J. Mill, J. Martin, A. Braithwaite, R. Poulton, « Influence of life stress on depression: moderation by a polymorphism in the 5-HTT gene », *Science*, juillet 2003

Chiesa A., A. Serretti, « Mindfulness-based stress reduction for stress management in healthy people: a review and meta-analysis », *Journal of Alternative and Complementary Medicine*, mai 2009

Chiesa A., R. Calati, A. Serretti, « Does mindfulness training improve cognitive abilities? A systematic review of neuropsychological findings », *Clinical Psychological Review*, avril 2011

Chiesa A., A. Serretti, « A systematic review of neurobiological and clinical features of mindfulness meditations », *Psychological Medicine*, n° 40, 2010

Clark D. A., A. T. Beck, « Cognitive theory and therapy of anxiety and depression: convergence with neurobiological findings », *Trends in cognitive sciences*, septembre 2010

Coffey K. A., M. Hartman, B. L. Fredrickson, « Deconstructing mindfulness and constructing mental health: Under-standing mindfulness and its mechanisms of action », *Mindfulness*, n° 1, 2010

Colzato L. S., A. Ozturk, B. Hommel, « Meditate to create: the impact of focused-attention and open-monitoring training on convergent and divergent thinking », *Frontiers in psychology*, avril 2012

Corcoran K. M., Z. V Segal., « Metacognition in depressive and anxiety disorders: Current directions », *International Journal of Cognitive Therapy*, n° 1, 2008

Crane C., R. Winder, E. Hargus, M. Amarasinghe, T. Barnhofer, « Effects of Mindfulness-Based Cognitive Therapy on Specificity of Life Goals », *Cognitive Therapy and Research*, juin 2012

Dane E., « Paying Attention to Mindfulness and Its Effects on Task Performance », The Workplace Journal of Management, juillet 2011

Darling P., « Stressed by technology? You're not alone », *Intel Newsroom Blog*, 19 août 2010

Davidson R. J., J. Kabat-Zinn, J. Schumacher, M. Rosenkranz, D. Muller, S. F. Santorelli, F. Urbanowski, A. Harrington, K. Bonus, J. F. Sheridan, « Alterations in brain and immune function produced by mindfulness meditation », *Psychosomatic Medicine*, juillet-août 2003

Davidson R. J., « Empirical explorations of mindfulness: Conceptual and methodological conundrums », *Emotion*, n° 10, 2010

Desbordes G., L. T. Negi, T. W. W. Pace, B. Wallace, C. L. Raison, E. Schwartz, « Effects of mindful-attention and compassion meditation training on amygdala response to emotional stimuli in an ordinary, non-meditative state », *Frontiers in Human Neuroscience*, novembre 2012

Deyo M., K. A. Wilson, J. Ong, C. Koopman, « Mindfulness and rumination: Does mindfulness training lead to reductions in the ruminative thinking associated with depression? » *Explore*, n° 5, 2009.

Eisendraeth S. J., K. Delucchi, R. Bitner, P. Fenimore, M. Smit, M. McLane, « Mindfulness-Based Cognitive Therapy for Treatment-Resistant Depression: A Pilot Study », *Psychotherapy and Psychosomatics*, n° 77, 2008

Emeny R., M. E. Lacruz, J. Baumert, A. Zierer, A. von Eisenhart-Rothe, C. Autenrieth, C. Herder, W. Koenig, B. Thorand, K. H. Ladwig, « Job strain associated CRP is mediated by leisure time physical activity: Results from the MONICA/KORA study », *Brain, Behavior, and Immunity*, 2012

Emmons R. A., M. E. McCullough, « Counting blessings versus burdens: an experimental investigation of gratitude and subjective well-being in daily life », *J Pers Soc Psychol*, février 2003

Epel E., J. Daubenmier, J. Tedlie Moskowitz, S. Folkman, E. Blackburn, « Can Meditation Slow Rate of Cellular Aging? Cognitive Stress, Mindfulness, and Telomeres » – *Longevity, Regeneration, and Optimal Health Integrating Eastern and Western Perspectives*, Annals of the New York Academy of Sciences, 2009

Farchione T. J., C. P. Fairholme, K. K. Ellard, C. L. Boisseau, J. Thompson-Hollands, J. R. Carl, M. W. Gallagher, D. H. Barlow, « Unified Protocol for Transdiagnostic Treatment of Emotional Disorders: A Randomized Controlled Trial », *Science*, septembre 2012

Friedman M., C. E. Thoresen, J. J. Gill, L. H. Powell, D. Ulmer, L. Thompson, et al., « Alteration of type A behavior and reduction in cardiac recurrences in postmyocardial infarction patients », *American Heart Journal*, août 1984

Gaspar J. M., J. McDonald, « Suppression of Salient Objects Prevents Distraction in Visual Search », *The Journal of Neuroscience*, avril 2014

Gaylord S. A., O. S. Palsson, E. L. Garland, K. R. Faurot, R. S. Coble, J. D. Mann, et al., « Mindfulness training reduces the severity of irritable bowel syndrome in women: results of a randomized controlled trial », *American Journal of Gastroenterology*, vol. 106, 2011

Gosselin P., P. Roberge, M.-F. Lavallée, « Le développement de la reconnaissance des expressions facials émotionnelles du répertoire humain », *Enfance*, vol. 48 n° 4, 1995

Grabovac A. D., M. A. Lau, B. R. Willett, « Mechanisms of Mindfulness: A Buddhist Psychological Model », *Mindfulness*, avril 2014

Grant J. A., P. Rainville, « Pain sensitivity and analgesic effects of mindful states in zen medi- tators: A cross-sectional study », *Psychosomatic Medicine*, n° 1, 2009

Greenberg J., K. Reiner, N. Meiran, « Mind the Trap : Mindfulness Practice Reduces Cognitive Rigidity », *Frontiers in Psychology*, avril 2012

Greenberg J., K. Reiner, N. Meiran, « Off with the Old : Mindfulness Practice Improves Backward Inhibition », *Frontiers in psychology*, avril 2012

Grossman P., L. Kappos, H. Gensicke, M. D'Souza, D. C. Mohr, I. K. Penner, et al., « MS quality of life, depression, and fatigue improve after mindfulness training: a randomized trial », *Neurology*, n° 75, 2010

Grossman P., L. Niemmann, S. Schmidt, H. Walach, « Mindfulness-based stress reduction and health benefits: A meta-analysis », *Journal of Psychosomatic Research*, vol. 57, 2004

Grossman P., U. Tiefenthaler-Gilmer, A. Raysz, U. Kesper, « Mindfulness training as an intervention for fibromyalgia: evidence of postintervention and 3-year follow-up benefits in well-being », *Psychotherapy and Psychosomatics*, n° 76, 2007

Hayes S. C., K. D. Strosahl, K. G. Wilson, Acceptance and Commitment Therapy, Second Edition: The Process and Practice of Mindful Change, *The Guilford Press*, 2011

Havas D. A., A. M. Glenberg, K. A. Gutowski, M. J. Lucarelli, R. J. Davidson, « Cosmetic use of botulinum toxin-a affects processing of emotional language », *Psychological Science*, juillet 2010

Heeren A., N. Van Broeck, P. Philippot, « The effects of mindfulness on executive processes and autobiographical memory specificity », *Behaviour Research and Therapy*, mai 2009

Holas H., T. Jankowski, « A cognitive perspective on mindfulness », *International Journal of Psychology*, n° 48, 2013

Hubbling A., M. Reilly-Spong, M. J. Kreitzer, C. R. Gross, « How mindfulness changed my sleep: focus groups with chronic insomnia patients », *BMC Complementary and Alternative Medicine*, février 2014

Hubbling A., M. Reilly-Spong, M. J. Kreitzer, C. R. Gross, « How mindfulness changed my sleep: focus groups with chronic insomnia patients », *BMC Complementary and Alternative Medicine*, février 2014

Ignacio Z. M., G. Z. Reus, H. M. Abelaira, J. Quevedo, « Epigenetic and epistatic interactions between serotonin transporter and brain-derived neurotrophic factor genetic polymorphism: Insights in depression », *Neuroscience*, juin 2014

Ivanowski B., G. S. Malhi, « The psychological and neuro- physiological concomitants of mindfulness forms of meditation », *Acta Neuropsychiatrica*, n° 19, 2007

Jacobs T. L. et al., « Intensive meditation training, immune cell telomerase activity, and psychological mediators », *Psychoneuroendocrinology*, juin 2011

Jacobs T. L., P. R. Shaver, E. S. Epel, A. P. Zanesco, S. R. Aichele, D. A. Bridwell, E. L. Rosenberg, B. G. King, K. A. MacLean, B. K. Sahdra, M. E. Kemeny, E. Ferrer, B. A. Wallace, C. D. Saron, « Self-reported mindfulness and cortisol during a Shamatha meditation retreat », Health psychology : official journal of the Division of Health Psychology, *American Psychological Association*, vol. 32, n° 10, 2013

Jha A. P., E. A. Stanley, A. Kiyonaga, L. Wong, L. Gelfand, « Examining the protective effects of mindfulness training on working memory capacity and affective experience », *Emotion*, février 2010

Jha A., et al., « Mindfulness training modifies subsystems of attention », *Cognitive Affective and Behavioral Neuroscience*, 2007

Kabat-Zinn J., L. Lipworth, R. Burncy, W. Sellers, « Four-year follow-up of a meditation-based program for the self-regulation of chronic pain: Treatment outcomes and compliance », *Clinical Journal of Pain*, n° 2, 1989

Kagan J., « Childhood predictors of states of anxiety », *Dialogues in Clinical Neurosciences*, septembre 2002

Kaliman P., M. J. Alvarez-Lopez, M. Cosin-Thomas, M. A. Rosenkranz, A. Lutz, R. J. Davidson, « Rapid changes in histone deacetylases and inflammatory gene expression in expert meditators », *Psychoneuroendocrinology*, février 2014

Kaufman S. B., « The real neuroscience of creativity », *Scientific American*, août 2013

Kenny M. A., J. M. G. Williams, « Treatment-resistant depressed patients show a good response to Mindfulness-Based Cognitive Therapy », *Behaviour Research & Therapy*, vol. 45, 2007

Kerr C. E., M. D. Sacchet, S. W. Lazar, C. I. Moore, S. R. Jones, « Mindfulness starts with the body: somatosensory attention and top-down modulation of cortical alpha rhythms in mindfulness meditation », *Frontiers in Human Neuroscience*, février 2013

Kingston T., et al., « Mindfulness-based cognitive therapy for residual depressive symptoms », *Psychology and Psychotherapy*, 80, 2007

Kinsbourne M., « Mind and Brain – The Remembered Present: A Biological Theory of Consciousness by Gerald M. Edelman », *The American Journal of Psychiatry*, 1992

Kirby E. D., S. E. Muroy, W. G. Sun, D. Covarrubias, M. J. Leong, L. A. Barchas, D. Kaufer, « Acute stress enhances adult rat hippocampal neurogenesis and activation of newborn neurons via secreted astrocytic FGF2 », *eLife*, 2013 – http://elifesciences.org

Klatt M. D., J. Buckworth, W. B. Malarkey, « Effects of low-dose mindfulness-based stress reduction (MBSR-ld) on working adults », *Health Education & Behavior : the official publication of the Society for Public Health Education*, juin 2009

Kramer R. S., U. W. Weger, D. Sharma, « The effect of mindfulness meditation on time perception », *Consciousness and Cognition*, septembre 2013

Kuehner C., S. Huffziger, K. Liebsch, « Rumination, distraction and mindful self-focus: effects on mood, dysfunctional attitudes and cortisol stress response », *Psychological Medicine*, février 2009

Kuss D. J., M. D. Griffiths, « Online Social Networking and Addiction – A Review of the Psychological Literature », *International Journal of Environmental Research and Public Health*, septembre 2011

Kuyken W., M. L. Moulds, « Remembering as an observer: how is autobiographical memory retrieval vantage perspective linked to depression? », *Memory*, août 2009

Levy D. M., J. O. Wobbrock, A. W. Kazniak, « The effects of mindfulness meditation training on multitasking in a high-stress information environment », *Proceedings of Graphics Interface*, mai 2012

Liu S., H. M. Chow, Y. Xu, M. G. Erkkinen, K. E. Swett, M. W. Eagle, D. A. Rizik-Baer, A. R. Braun, « Neural correlates of lyrical improvisation: an FMRI study of freestyle rap », *Scientific Reports*, n° 2, 2012

Lykins E. L. B. & Baer, A. Ruth, "Psychological Functioning in a Sample of Long-Term Practitioners of Mindfulness Meditation", *Journal of Cognitive Psychotherapy*, n° 3, 2009

Mark G. J., S. Voida, A. V. Cardello, A Pace Not Dictated by Electrons : An Empirical Study of Work Without Email, 2012 – https://www.ics.uci.edu/~gmark/Home_page/.../CHI%202012.pdf

Marturano J., *Finding the Space to Lead: A Practical Guide to Mindful Leadership*, Bloomsbury Publishing, 2014

Maslow, "The good life of self-actualizing person", *Readings in Human Development, a Humanistic Approach*, ed. Theron M. Covin, MSS Information Corporation, 1974

McCracken L. M., S.-Y. Yang, "A contextual cognitive-behavioral analysis of rehabilitation workers' health and well-being: Influences of acceptance, mindfulness and values-based action", *Rehabilitation Psychology*, n° 53, 2008

Mitchell M., « Dr. Herbert Benson's Relaxation Response Learn to counteract the physiological effects of stress », *Heart and Soul Healing*, mars 2013

Moore A., T. Gruber, J. Derose, P. Malinowski, « Regular, brief mindfulness meditation practice improves electrophysiological markers of attentional control », *Frontiers in Human Neuroscience*, février 2012

Morone N. E., C. S. Lynch, C. M. Greco, H. A. Tindle, D. K. Weiner, "'I felt like a new person' – The effects of mindfulness meditation on older adults with chronic pain: qualitative narrative analysis of diary entries", *Journal of Pain*, n° 9, 2008

Morone N. E., C. M. Greco, D. K. Weiner, "Mindfulness meditation for the treatment of chronic low back pain in older adults: A randomized controlled pilot study", *Pain*, n° 3, 2008

Mouchabac S., "La depression : évolution ou revolution ? Une approche évolutionniste des troubles de l'humeur", *Neuropsychiatrie : tendances et débats*, n° 29, 2006

Mrazek M. D., M. S. Franklin, D. T. Phillips, B. Baird, J. W. Schooler, « Mindfulness training improves working memory capacity and

GRE performance while reducing mind wandering », *Psychological Science*, mai 2013

Ngô T. L., « Review ofthe effects of mindfulness meditation on mental and physical health and its mechanisms of action », *Santé mentale au Québec*, vol. 38, n° 2, 2013

Nierenberg A. A., « The long tale of the short arm of the promoter region for the gene that encodes the serotonin uptake protein », *CNS spectrums*, septembre 2009

O'Reilly G. A., L. Cook, D. Spruijt-Metz, D. S. Black, « Mindfulness-based interventions for obesity-related eating behaviours: a literature review », *Obesity Reviews : an official journal of the International Association for the Study of Obesity*, juin 2014

Oberg B., M. Rempe, R. Bradley, « Self directed Mindfulness Training and Improvement in Blood Pressure, Migraine Frequency, and Quality of Life », *Global advances in health and medicine : improving healthcare outcomes worldwide*, mars 2013

Ophir E., C. Nass, A. D. Wagner, « Cognitive control in media multitaskers », *Proceedings of the National Academy of Sciences of the USA*, septembre 2009

Ortner C. N. M., S. J. Kilner, P. D. Zelazo, "Mindfulness meditation and reduced emotional interference on a cognitive task", *Motivation and Emotion*, n° 31, 2007

Ostafin B. D., K. T. Kassman, « Stepping out of history: mindfulness improves insight problem solving », *Consciousness and Cognition*, juin 2012

Pace T. W., L. T. Negi, D. D. Adame, S. P. Cole, T. I. Sivilli, T. D. Brown, M. J. Issa, C. L. Raison, « Effect of compassion meditation on neuroendocrine, innate immune and behavioral responses to psychosocialstress », *Psychoneuroendocrinology*, janvier 2009

Parswani M. J., M. P. Sharma, S. Iyengar, « Mindfulness-based stress reduction program in coronary heart disease: A randomized control trial », *International Journal of Yoga*, juillet 2013

Purper-Ouakil D., G. Michel, M.-C. Mouren-Siméoni, "La vulnérabilité dépressive chez l'enfant et l'adolescent : données actuelles et perspectives", *L'Encéphale*, 2002

Rabin D. D., W. S. Breall, T. Dixon, et al., « Alteration of type A behavior and reduction in cardiac recurrences in postmyocardial infarction patients », *American Heart Journal*, août 1984

Reich R. R., C. A. Lengacher, K. E. Kip, S. C. Shivers, M. J. Schell, M. M. Shelton, R. H. Widen, C. Newton, M. K. Barta, C. L. Paterson, J. R. Farias, C. E. Cox, T. W. Klein, « Baseline Immune Biomarkers as Predictors of MBSR (BC) Treatment Success in Off-Treatment Breast Cancer Patients », *Biological Research for Nursing*, janvier 2014

Riley B., "Experiential avoidance mediates the association between thought suppression and mindfulness with problem gambling", *Gambling Studies*, mars 2014

Rizzolatti G., M. Fabbri-Destro, L. Cattaneo, "Mirror neurons and their clinical relevance", *Nature Clinical Practice Neurology*, n° 5, 2009

Roberts-Wolfe D., M. D. Sacchet, E. Hastings, H. Roth, W. Britton, « Mindfulness training alters emotional memory recall compared to active controls: support for an emotional information processing model of mindfulness », *Frontiers in Human Neuroscience*, février 2012

Samuelson K. W., « Post-traumatic stress disorder and declarative memory functionning : a review », *Dialogues in Clinical Neurosciences*, septembre 2011

Schiepers O. J., M. C. Wichers, M. Maes, « Cytokines and major depression », *Progress in Neuropsychopharmacology and Biological Psychiatry*, février 2005

Schmidt S., P. Grossman, B. Schwarzer, S. Jena, J. Naumann, H. Walach, "Treating fibromyalgia with mindfulness-based stress reduction: results from a 3 – armed randomized controlled trial", *Pain*, n° 152, 2011

Schoenberg P. L., S. Hepark, C. C. Kan, H. P. Barendregt, J. K. Buitelaar, A. E. Speckens, « Effects of mindfulness based cognitive therapy on neurophysiological correlates of performance monitoring inadult attention-deficit/hyperactivity disorder », *Clinical neurophysiology : official journal of the International Federation of Clinical Neurophysiology*, juillet 2014

Sephton S. E., P. Salmon, I. Weissbecker, C. Ulmer, A. Floyd, K. Hoover, et al., "Mindfulness meditation alleviates depressive symptoms in women with fibromyalgia: results of a randomized clinical trial", *Arthritis & Rheumatism*, n° 57, 2007

Shapiro S. L., D. Oman, C. E. Thoresen, T. G. Plante, T. Flinders, "Cultivating mindfulness: effects on well-being", *Journal of Clinical Psychology*, n° 7, 2008

Shapiro S. L., G. E. Schwartz, G. Bonner, "Effects of mindfulness-based stress reduction on medical and pre-medical students", *Journal of Behavioral Medicine*, n° 21, 1998

Simon H. A. , "Designing Organizations for an Information-Rich World", M. Greenberger, *Computers, Communications and the Public Interest*, Johns Hopkins Press, 1971

Smith E. C., "Fear of missing out a tribute to Zach Orman", *Wilderness Environmental Medicine*, décembre 2013

Southwick S. M., D. S. Charney, "The science of resilience: implications for the prevention and treatment of depression", *Science*, 2012

Speca M., L. Carlson, E. Goodey, M. Angen, "A randomized, wait-list controlled clinical trial: the effect of a mindfulness meditation-based stress reduction program on mood and symptoms of stress in cancer outpatients", *Psychosomatic Medicine*, n° 62, 2000

Strauss C., K. Cavanagh, A. Oliver, D. Pettman, « Mindfulness-Based Interventions for People Diagnosed with a Current Episode of an Anxiety or Depressive Disorder: A Meta-Analysis of Randomised Controlled Trials », *PLoS One*, n° 9, 2014

Sucksmith E., C. Allison, S. Baron-Cohen, B. Chakrabarti, R. A. Hoekstra, « Empathy and emotion recognition in people with autism, first-degree relatives, and controls », *Neuropsychologia*, janvier 2013

Tang Y., Y. Ma, J. Wang, Y. Fan, S. Feg, Q. Lu, Q. Yu, D. Sui, M. Rothbart, M. Fan, M. Posner, "Short-term meditation training improves attention and self-regulation", *Proceedings of the National Academy of Sciences*, vol. 104, 2007

Villatte M., J. L. Monestès, L. McHugh, et al., "Adopting the perspective of another in belief attribution: Contribution of Relational Frame Theory to the understanding of impairments in schizophrenia", *Journal of Behavior Therapy and Experimental Psychiatry*, n° 41, 2010

Vugt Van M. K., A. P. Jha, « Investigating the impact of mindfulness meditation training on working memory: a mathematical modeling approach », *Cognitive, Affective and Behavioral Neuroscience*, septembre 2011

Walsh R. & S. L Shapiro, "The meeting of meditative disciplines and Western psychology: A mutually enriching dialogue", *American Psychologist*, n° 61, 2006

Watkins E., J. D. Teasdale, « Adaptive and maladaptive self-focus in depression », *Journal of Affective Disorders*, octobre 2004

Wegner D. M., "Setting free the bears: escape from thought suppression", *American Psychologist*, novembre 2011

Whitebird R.R., M. J. Kreitzer, P. J. O'Connor, « Mindfulness-Based Stress Reduction and Diabetes », *Diabetes spectrum: a publication of the American Diabetes Association*, septembre 2009

Zeidan F., S. K. Johnson, B. J. Diamond, Z. David, P. Goolkasian, « Mindfulness meditation improves cognition: evidence of brief mental training », *Consciousness and Cognition*, juin 2010

Zeidan F., K. T. Martucci, R. A. Kraft, N. S. Gordon, J. G. McHaffie, R. C. Coghill, "Brain Mechanisms Supporting the Modulation of Pain by Mindfulness Meditation", *Journal of Neuroscience*, vol. 14, 2011

## Les applications pour méditer

RESPIRELAX : pour apprendre à respirer en cohérence cardiaque qui stimule le système parasympathique.

PRANAYAMA : pour pratiquer sept minutes de respiration chaque jour.

INSIGHT TIMER : un minuteur qui permet le relevé des progrès et des pratiques. Il comporte quelques méditations guidées en anglais.

ZAZEN LITE est un minuteur qui peut aider à évaluer le temps optimal de méditation.

*Les 10 meilleures applications en anglais*

1. Buddhify
2. Sleep easily meditation
3. Calm – meditation and relaxation
4. Smiling Mind
5. Simply Being Guided Meditation
6. Headspace
7. Walking Meditation
8. Meditation Helper
9. Room to Breathe Meditation
10. Relax Melodies

*Liens utiles*

http://www.pasbesoindetretibetainpourmediter.com pour retrouver les exercices de méditation.

http://la-pleine-conscience.com

http://www.cps-emotions.be/mindfulness/materiel-mindfulness.php

http://www.association-mindfulness.org/

http://www.umassmed.edu/cfm/

# Remerciements

Quand j'étais enfant, on m'a appris que nous avons tous besoin les uns des autres pour exister. J'en ai toujours eu la démonstration. Je suis très reconnaissante à Sylvie Charier qui, depuis longtemps, me fait l'amitié de croire à ce projet et m'a toujours beaucoup soutenue. Mes remerciements vont à Suyapa Hammje, Aurore Aimelet, Sylvie Gauthier, Marion Guillemet et Iris Odier parce qu'elles ont fait vivre le texte. Leur travail, leurs encouragements, conseils, relectures, suggestions et leur patience ont permis la mise en forme de ce livre. En psychologie positive, la gratitude est un exercice qui rend heureux. Je vous le confirme, c'est avec émotion que je remercie chacune pour son action, la valeur ajoutée de son intervention et sa collaboration. Matthieu Ricard m'a écrit récemment se réjouir de la publication de cet ouvrage, je suis touchée de ses quelques lignes et l'en remercie.

## LES GUIDES GRAND FORMAT

*Cultiver son moi*
LYNDA FIELD

*Parler vrai pour changer sa vie*
SARAH ROZENTHULER

*Se réinventer au travail*
STEVE NOBEL

*Envie d'aimer*
JOAN GARRIGA

*Le Laboratoire du bonheur*
HAPPY LAB

*Réveillez le chaman qui est en vous*
ARNAUD RIOU

*[Dé]stresse !*
ISABELLE MÉTÉNIER

*Pas besoin d'être tibétain pour méditer*
CHRISTINE BAROIS

## LES GUIDES PETIT FORMAT

*Gérer son énergie*
*même quand on est à plat*
ODILE CHABRILLAC

*Développer son intuition*
*même quand on a l'esprit fermé*
DJOHAR SI AHMED
GÉRALD LEROY-TERQUEM

*Plonger au cœur de soi*
*même quand cela semble impossible*
PATRICIA PENOT

*Revivre même quand on est terrassé*
PASCAL NEVEU

*Gérer les emmerdeurs*
*même quand il faut faire avec*
MIKE LEIBLING

*Retrouver confiance en soi*
*même quand on s'est fait plaquer*
ODILE CHABRILLAC

Direction : Jean-Louis Hocq
Direction éditoriale : Suyapa Hammje
Directrice de collection : Aurore Aimelet
Composition : Nord Compo Multimédia
Conception graphique et réalisation de la couverture : Guylaine Moi
Illustration de la couverture : Luciano Lozano
Fabrication : Céline Premel-Cabic

ISBN : 978-2-263-06598-9
Code éditeur : S06598
Dépôt légal : septembre 2014
Achevé d'imprimer par La Tipografica Varese Srl - Varese en Italie
Retrouvez-nous sur www.solar.fr

Solar | un département **place des éditeurs**

place
des
éditeurs